CW00819402

Este magnífico libro nuevo de Patricia King, *31 decretos de bendición para las mujeres*, equipará a los creyentes con las herramientas necesarias para proclamar con valentía decretos que les abrirán las bendiciones de los cielos, alinearán sus corazones con la Palabra de Dios y traerán cambio a sus vidas. ¡Bravo!

—Jane Hamon, Vision Church @ Christian International

Patricia King ha encontrado las claves para recibir la bendición del padre a través de la Palabra hablada para crear logros sobrenaturales en el nombre de Jesús y por el poder del Espíritu. ¡Siempre que aplicamos la revelación de la Palabra con decretos espirituales, hay milagros! ¡Prepárate para recibir las respuestas más espectaculares a tus oraciones que hayas visto jamás!

—Pastor Tony Kemp, presidente, ACTS Group

Lee *31 decretos de bendición para las mujeres* para recibir edificación, poder y bendiciones.

—Joan Hunter, autora y evangelista sanadora

Patricia King ha sido una voz en mi vida que siempre, como una brújula, me ha señalado a Cristo. Ha habido momentos en mi camino con el Señor en los que he luchado con no saber quién era yo en Él. Aun así, a través de la sabiduría de las Escrituras y los inspirados consejos de Patricia, pude descubrir mi identidad como sirvienta, evangelista, líder y mujer. Sea cual fuera el problema que tuviera, sus oportunas interpretaciones bíblicas me ayudaron a superar con éxito todas esas cosas que estaban impidiendo mi crecimiento y victoria. En este libro, Patricia ha diseñado estos poderosos decretos para hacer lo mismo por ti. ¡Lee *31 decretos de bendición para las mujere*s y prepárate ver para grandes avances en tu vida!

—Katie Souza, Katie Souza Ministries

El nuevo libro de Patricia King, *31 decretos de bendición para las mujeres*, será un gran impulso para tu fe, reanimará tu corazón y te pondrá en el camino de la victoria personal. Patricia se sumerge profundamente en la Palabra en cada devocional diario y comparte historias de grandes triunfos. Cada devocional tiene, después, diez decretos salidos de la Biblia. Quiero animarte a leer esos decretos en voz alta. Cántalos y escríbelos. Póntelos cada día en el coche, en el bolso, en el móvil o en el iPad, o en la cocina. He visto cómo la vida de Patricia florecía en Dios y en sus ministerios a medida que se convertía en una líder intrépida en el cuerpo de Cristo. Siempre ha tomado la Palabra, creído en la Palabra y decretado la Palabra en voz alta. Y ahora comparte estos poderosos testimonios y decretos con nosotros. Vamos a tomar la Palabra, decretarla y ver cómo Dios se mueve. Vamos a convertirnos en intrépidas mujeres de Dios.

—Julie Meyer, autora de *Singing the Scriptures*, Intotheriver.net

Antes yo no creía que los decretos proféticos eran poderosos. Hasta que empecé a escuchar con atención lo que Patricia King estaba enseñando y lo que enseña en este libro. Los decretos, cuando se hacen en fe verdadera y con una necesidad real, son explosivamente poderosos. Pero te animo a descubrirlo por ti misma: ¡Llévate *31 decretos de bendición para las mujeres* para ti y para alguna amiga! ¡Poderosísimo!

—Steve Shultz, fundador, The Elijah List y Elijah Streams TV

En cada generación, el Señor levanta a pioneros y a defensores de la fe en el estadio de la verdad. Patricia King es tanto una incansable pionera para las cosas del Señor como una gran defensora de la fe, creando decretos que abren el camino para esta generación. Para mí es un gran honor poder añadir mi bendición para este libro devocional que decreta bendiciones, especialmente diseñadas para las mujeres de hoy en día. ¡Gracias, Patricia!

—Dr. James W Goll, fundador de God Encounters Ministries, GOLL Ideation LLC

31 DECRETOS DE BENDICIÓN

PARA MUJERES

DE PATRICIA KING

BroadStreet
●●●● ESPAÑOL

BroadStreet Publishing® Group, LLC
Savage, Minnesota, USA
BroadStreetPublishing.com

31 Decretos de Bendición para Mujeres

Las ediciones comerciales o personalizadas de los títulos de BroadStreet Publishing se pueden comprar a granel para uso educativo, comercial, ministerial, promocional o de recaudación de fondos. Para obtener más información, envíese un correo electrónico a info@broadstreetpublishing.com.

Diseño de la cubierta por Chris Garborg de garborgdesign.com
Tipografía de Kjell Garborg de garborgdesign.com

Impreso en China
19 20 21 22 23 5 4 3 2 1

Contenidos

Introducción

Como mujer que ama al Señor, la proclamación de decretos basados en las Escrituras ha revolucionado mi vida, familia, relaciones y ministerio. He experimentado un crecimiento y una multiplicación de las bendiciones en cada área de mi vida desde que empecé a decretar palabras de verdad repletas de fe de forma positiva y constante. Como líder y mentora de mujeres, he compartido con muchas personas esta preciosa herramienta de éxito y he descubierto un efecto e influencia remarcables de la bondad de Dios sobre sus vidas.

La palabra *decreto* es un término legal que significa:

«Decisión de un gobernante o de una autoridad, o de un tribunal o juez, sobre la materia o negocio en que tengan competencia».

Las palabras que decimos tienen poder y son capaces de crear vida o muerte (Santiago 3:5-10), pero cuando hacemos una proclamación legal que viene del mismísimo Dios, entonces actuamos en un poder que supera a cualquier otro.

Jesús dijo: «Las palabras que les hablo son Espíritu y vida» (Juan 6:63). Sus palabras están llenas de poder y tienen la capacidad de crear la gloria de su reino en la tierra. Cuando proclamamos la Palabra de Dios en fe, se activa para traer consigo su voluntad y propósito para tu vida.

Examina el siguiente pasaje de ánimo de la Biblia para ver lo poderosa que es su Palabra. «Porque la palabra de Dios es viva y eficaz [lo que la hace funcional, estimulante y efectiva]» (Hebreos 4:12).

Cuando decretas la Palabra de Dios, está llena de vida y poder, y ella misma se hace realidad. Según Isaías 55:11, no vuelve vacía, sino que prospera en todo aquello para lo que es enviada. La Palabra de Dios es la autoridad final. Si él lo ha dicho, ¡él hará que se cumpla!

En el libro de Job encontramos esta profunda y poderosa declaración: «También decretarás una cosa, y se te quedará estable; y sobre tus caminos resplandecerá la luz» (Job 22:28, BVM29).

En Ester 8:8 encontramos otra confirmación más: «Un decreto que está escrito en nombre del rey y sellado con el anillo del rey no puede ser revocado» (LBLA).

Jesús, nuestro Rey eterno, nos ha dado todas las gloriosas promesas en la Palabra. Son para que todos sus hijos las disfruten. Si decretas estas bendiciones con fe, se harán realidad. Es como crear un marco en el reino espiritual que, después, el poder de Dios llena con manifestación de la promesa. La palabra que decretas atrae la manifestación de lo que ha sido proclamado. Cada palabra que decretas tiene poder.

Este libro está especialmente diseñado para inspirar a las mujeres con un devocional diario, basado en las inspiradoras Escrituras de la Reina Valera para cada día del mes, que dirigirá tu atención al corazón de Dios y a sus maravillosas intenciones para tu vida. Cada devocional está seguido de diez poderosos decretos basados en la Palabra de Dios. También tendrás las referencias a los pasajes de las Escrituras al final de cada página de decretos, para que puedas leerlos individualmente si así lo deseas. De este modo podrás recibir todo el impacto cuando medites en la verdad que contienen, dejando que renueven tu mente. Finalmente, hay una activación diaria para ti en respuesta a cada devocional y a sus correspondientes decretos. Actuar a partir de la Palabra de Dios ayuda a sellarla en tu corazón y vida.

Hay una devoción, decreto y activación para cada día del mes. A medida que uses este devocional, verás cómo tu poder espiritual y tu confianza aumentan. Seguro que se producirá una transformación en ti cuando le entregues a Dios tu dedicación y tiempo día tras día. Usa este libro para bendecir cada aspecto de tu vida.

Aquí tienes algunos beneficios que te esperan cuando te concentras en la Palabra de Dios:

1.   La porción de la Palabra en la que meditas y que decretas no volverá vacía, sino que prosperará en todo aquello para lo que es enviada (Isaías 55:11).

2.   Tus decretos de la Palabra enmarcarán la voluntad de Dios sobre tu vida, permitiendo que el Espíritu acabe

rellenando ese marco invisible y manifieste resultados (Hebreos 11:3).

3. La Palabra de Dios que proclames enviará a ángeles a ejecutar tu palabra, cuando te conviertes en la voz de Dios para que su Palabra sea liberada sobre la tierra (Salmo 103:20).

4. Tus decretos de la Palabra de Dios alumbrarán con una luz que penetrará toda oscuridad (Salmo 119:130).

5. Atraerás bendiciones cuando proclames en fe las promesas que él te ha dado como creyente.

6. Crearás en tu vida y sobre la tierra lo que antes no estaba presente a través de decretos llenos de fe (Romanos 4:17).

7. La Palabra proclamada funciona como una herramienta para la lucha espiritual y asegura la victoria para tu vida (Efesios 6:10-20; 2 Corintios 10:3-5).

8. Tus decretos de la Palabra de Dios te darán poder y fuerza en lo más profundo de tu ser (Efesios 3:16).

9. La Palabra decretada es como semilla lanzada que te producirá una cosecha según la naturaleza de la semilla (Marcos 4:3-20).

10. La santificación (es decir, ser apartado para Dios y sus propósitos) se activa a través de la proclamación de la verdad de Dios declarada sobre tu vida (Juan 17:17).

Mi oración para ti, a medida que avances en este devocional de treinta y un días, es que tu vida sea enriquecida y bendita de forma inconmensurable. Que las bendiciones de Dios vengan de verdad sobre ti y se adueñen de cada área de tu vida (Deuteronomio 28:2).

Patricia

BENDITA CON PALABRAS INSPIRADAS DEL CORAZÓN DE DIOS

Las palabras de sabiduría real del monarca Lemuel:
estas son las palabras inspiradas que me enseñó mi madre.

PROVERBIOS 31:1

Al crear a la mujer, Dios le dio su instinto y naturaleza maternal propios. Cada persona creada por él, hombre o mujer, tiene un vacío que necesita ser llenado con su cuidado maternal. El rey Lemuel (el rey Salomón)[1] se tomó muy en serio las inspiradas palabras de su madre. Sus palabras tuvieron un enorme efecto sobre él; tanto, que hay un capítulo entero de la Biblia dedicado a esa reflexión memorable e inspirada.

Todos tenemos o hemos tenido una madre. Quizá ha estado ausente de nuestra vida o no ha sido capaz de alimentarnos y cuidarnos tanto como hemos necesitado, pero todos estamos aquí porque hemos tenido una madre: la persona que nos ha dado la vida.

Sabemos muy poco sobre la crianza de David, pero sí que vemos en la Palabra que no se le tenía en demasiada estima en su familia. Cuando todos sus hermanos se pusieron en fila para que Samuel eligiera a uno para ser rey, ni se plantearon que David fuera una opción, y cuando el profeta preguntó si había más hijos, la familia de David dudó e hizo referencia a la falta de valor que este tenía ante sus ojos, afirmando que solo quedaba el más joven, que estaba cuidando de las ovejas. David también hizo alusión al papel de sus padres en su vida en el Salmo 27:10: «Aunque mi padre y mi madre me dejaran, con todo, Jehová me recogerá».

Cada niño necesita ser un motivo de gozo; que se le acepte, nutra y ame. Pero en el caso de David, fue el mismísimo Dios quien suplió estas necesidades en su vida debido a las carencias de sus padres. Ambas naturalezas, tanto la materna como la paterna, se encuentran en Dios.

Igual que pasó con David, Dios también quiere suplir tus necesidades. Quizá entiendes bien el rechazo que debió de sentir David, o sus sentimientos de insignificancia (ya sea porque algún miembro de tu familia u otra persona cercana te ha rechazado). Da igual cómo haya sido tu madre o qué tipo de ejemplos maternos hayas recibido en la escuela, en la iglesia y en otros momentos distintos de tu vida: Dios está ahí para suplir cualquier deficiencia que hayas sufrido.

Si repasas toda tu vida, descubrirás que Dios estaba ahí para enviarte palabras inspiradoras que brotaban de su naturaleza maternal y cuidaban de ti. Quizá puedes recordar palabras que tus abuelas, madre, tías, amigas, conocidas o líderes espirituales te dijeron y que tuvieron un efecto en tu vida. Dios las estaba usando para transmitirte palabras maternales llenas de vida y de sabiduría. Estas son las palabras que recordarás, del mismo modo que Salomón recordó las palabras de sabiduría que el corazón de Dios habló a través de su madre. Y estas tuvieron un efecto duradero sobre su vida.

Dios está levantando a muchas personas en el cuerpo de Cristo hoy en día para alimentar espiritualmente a su pueblo. Para aquellas personas que no recibieron su alimento espiritual a través de una madre natural, él está levantando a madres espirituales, ungidas por él, que darán a sus hijos e hijas lo que necesitan.

Como mujer, necesitas la visión y el ánimo maternales de Dios, pero también tienes la capacidad en Cristo para dar su alimento a los demás. Él está llamando a sus mujeres a levantarse y a representar su naturaleza y sabiduría ante aquellos que crecerán para entregarse a su llamado y destino. Yo creo que él te está llamando.

DECRETOS

DECRETO QUE:

1. He recibido palabras inspiradas de Dios y del Espíritu que me conceden su cuidado, amor y alimento maternales.

2. Estoy llena de su amor y alimento, y nada me separará jamás del amor que Dios ha derramado sobre mí.

3. El amor maternal de Dios por mí no falla nunca; es rico y misericordioso, dulce y cariñoso.

4. El amor maternal de Dios me cubre como una bandera que me ofrece protección y victoria, y me guía para saber hacia dónde ir.

5. Sigo a Dios porque él me atrae con su amor íntimo, materno y tierno.

6. He sido llamada a conocer el cuidado maternal de Dios y su rico amor que sobrepasa el conocimiento para estar llena de su plenitud.

7. Soy realmente objeto del amor y el afecto más profundos de Dios.

8. Debido al amor de Dios por mí, no moriré nunca, sino que tendré vida eterna con él y seré capaz de transmitir este amor y vida a otros.

9. El amor de Dios brota en mi interior como lluvia fresca de los cielos y me inunda de paz, sabiduría y conocimiento perfectos que puedo compartir con los demás.

10. El Señor derrama su amor inagotable sobre mí cada día y, como resultado, puedo amar a los demás libremente, inspirándoles en su amor.

Decretos basados en los siguientes pasajes de las Escrituras:
Proverbios 31:1; Jeremías 31:3; 1 Juan 3:1; Romanos 8:38-39;
1 Corintios 13:4, 7-8; Cantar de los Cantares 1:2, 4; 2:4; Efesios 3:18-20;
Juan 3:16; Salmo 42:8; Lucas 6:35.

ACTIVACIÓN

Tómate un momento para estar a solas con Dios y pídele que te recuerde palabras clave inspiradas que te hayan dicho personas que representaban su amor maternal. Escríbelas y medita en ellas. A lo largo de la semana, a medida que vayas recordando más de estas palabras, ve añadiéndolas a la lista.

Plantéate enviar una nota de agradecimiento a las personas que hayan influido en tu vida con sus palabras inspiradas.

_____

_____

_____

_____

_____

_____

_____

_____

_____

_____

_____

BENDITA CON BELLEZA RADIANTE

Y deseará el rey tu hermosura.

SALMO 45:11

Recuerdo una ocasión en la que conocí a un grupo de chicas adolescentes en una piscina pública justo antes de recibir al Señor. Estaba pasando por una muy mala época en aquellos momentos, pero cuando las vi no pude evitar percibir su belleza. Irradiaban un brillo que no había visto antes, lo que me hizo preguntarme cuál podría ser el origen de esa hermosura. Las escuché con atención, intentando descubrir alguna pista en lo que se decían unas a otras, pero no eran más que adolescentes normales: no se contaban nada demasiado profundo o espiritual.

Finalmente les pregunté de dónde eran. Me dijeron que eran de una iglesia de la ciudad y que estaban disfrutando de una noche de jóvenes juntas. Me quedé tan cautivada por la belleza radiante que emanaban que rápidamente me planteé encontrar una iglesia a la que asistir. Tan solo unas semanas más tarde acabé recibiendo a Jesús como mi Salvador personal, y desde entonces mi vida ha sido transformada. La luz de esas jóvenes me atrajo a Cristo.

Como creyentes no necesariamente vemos nuestro propio brillo en Cristo. Cuando nos levantamos cada día y nos fijamos en nuestra «cara matutina», normalmente no podemos ver la gloriosa belleza de Cristo manifestada en nuestro rostro pero, aun así, su gloria y brillo están en nosotros. Siempre lo están: mañana, tarde y noche. Aquellos que están en la oscuridad contemplan esa belleza y luz y, aunque nosotros no las advirtamos, ellos sí. Vi la luz en aquellas chicas y supe que no era algo natural: claramente se trataba de algo superior a ellas. Aun así, las chicas no eran para nada conscientes de su «brillo».

Jesús siempre está contemplando tu gloria y resplandor. No puede dejar de pensar en ti. Está fascinado por tu belleza y brillo, y su deseo es que veas su propia belleza en ti misma.

Todas, en algún momento, podemos vernos algo desaliñadas y desarregladas, y sentir que no estamos a la altura de los estándares de belleza exterior. Pero Dios quiere que veamos más allá de la superficie. Él se fija en el corazón. Ve tu belleza y resplandor. «Porque Jehová no mira lo que mira el hombre; pues el hombre mira lo que está delante de sus ojos, pero Jehová mira el corazón» (1 Samuel 16:7).

En Juan 10:10, Jesús dice: «Un ladrón solo tiene una cosa en mente: quiere robar, matar y destruir». Al diablo le encantaría robarte esa verdad sobre tu belleza. Es un mentiroso, un asesino y un ladrón. Siempre que recibas pensamientos adversos sobre tu belleza y atractivo, tienes que decirle al diablo que es un engañador y creer justo lo contrario.

La Palabra revela quién eres realmente. Dios dice que eres bella. Dice que eres preciosa y radiante, y es un Dios que no puede mentir. Te ha dado la bendición de una belleza radiante. Busca esa belleza en ti misma. Cree en esa belleza. Céntrate en esa belleza y, después, sal al mundo y hazla brillar.

Su brillante luz no se apagará,
por muy oscura que sea la noche.
Proverbios 31:18

DECRETOS

DECRETO QUE:

1. He sido bendecida de verdad con precioso brillo en Cristo.
2. Cristo en mí es mi esperanza de gloria. Él es la gloria y quien levanta mi cabeza.
3. Alumbro como una luz en el mundo en el que vivo.
4. El Señor se deleita en mí.
5. La belleza del Señor está sobre mí en mi día a día.
6. Me levanto y brillo, ya que mi luz ha venido y la gloria del Señor aparece sobre mí.
7. Su resplandor en mí es como la luz del sol.
8. El rostro del Señor brilla sobre mí y me muestra su gracia.
9. El Señor me ha coronado con gloria y majestad.
10. Mi belleza radiante está siempre renovándose en mi interior.

Decretos basados en los siguientes pasajes de las Escrituras:
Salmo 45:11; Colosenses 1:27; Salmo 3:3; Mateo 5:16; Cantares 7:6;
Salmo 90:17; Isaías 60:1-3; Habacuc 3:4; Números 6:25; Salmo 8:5;
Job 29:20.

ACTIVACIÓN

Mírate en el espejo. ¿Ves la belleza y el resplandor que Dios te ha dado? Eres preciosa, toda tú. Medita en la luz gloriosa de Dios que mora en tu interior hasta que seas capaz de aceptar esa revelación con los brazos abiertos. Después, ve liberando ese resplandor a lo largo de tu día.

_____

_____

_____

_____

_____

_____

_____

_____

_____

_____

_____

_____

BENDITA CON PODER

*Se ciñe de fuerza,
valor y poder en todas sus obras.*

PROVERBIOS 31:17

¿Estás llena a rebosar del poder del Espíritu Santo? ¿Su presencia y poder influyen en el mundo que te rodea? Cuando el poder del Espíritu Santo fluye a través de ti, la luz invade la oscuridad y el mundo se transforma. La palabra «poder» que usa Jesús en Hechos 1:8 es el término griego *«dynamis»*[2] *(algunos usan «dunamis»)*. Se trata del poder que te permite hacer milagros, ser fortalecida, ganar riquezas, ganar batallas y tener un excelente carácter. Este poder está a tu disposición si eres creyente. Puedes cambiar tu vida si ejercitas ese poder. No puedes apoyarte en tu propia sabiduría; debes ejercer el poder que viene de Dios.

Jesús enseñó en Juan 7 que desde lo más profundo de tu ser fluirían el Espíritu y su poder: «"¡Crean en mí para que broten de su interior ríos de agua viva, que fluyan desde lo más profundo de su ser, como dice la Escritura!". Jesús estaba profetizando acerca del Espíritu Santo que los creyentes estaban siendo preparados para recibir» (versículos 38-39).

Maria Woodworth Etter (1844-1924) fue una famosa predicadora de carpas de avivamiento que permitió que el poder de Dios fluyera poderosamente a través de ella. Las personas acudían a raudales a sus carpas creyendo que iban a experimentar el poder de Dios. Aquellos que asistían a esas reuniones daban testimonio de la presencia tangible y la gracia milagrosa del Espíritu de Dios. Había tantísimo poder manifestado en sus reuniones que la convicción y la presencia del Espíritu Santo inundaban las calles de las ciudades en las que llevaba a cabo su ministerio y, como resultado, muchos clamaban a gritos para ser salvos. Fue una mujer conocida hasta hoy en día por actuar con valentía y una fe incondicional en los milagros, señales y maravillas de Dios.

En el día de Pentecostés, el Espíritu Santo y su poder llenaron a todas las personas que estaban en el aposento alto, incluidas las mujeres. La efusión del Espíritu Santo no se quedó solo en aquella habitación, sino que inundó las calles y tres mil personas se añadieron a la iglesia ese primer día.

Pedro explicó esto refiriéndose a la profecía de Joel: «Y en los postreros días, dice Dios, derramaré de mi Espíritu sobre toda carne, y vuestros hijos y vuestras hijas profetizarán [...]; y de cierto sobre mis siervos y sobre mis siervas en aquellos días derramaré de mi Espíritu, y profetizarán» (Hechos 2:17-18). Era el derramamiento de poder del que Jesús les había hablado. Es importante que abracemos y ministremos el poder que nos ha sido confiado.

Dios está levantando a un gran grupo de mujeres poderosas en él. Predican el evangelio, profetizan, hacen milagros, sanan a los enfermos, resucitan a los muertos, liberan a los cautivos y plantan cara a las injusticias. Son un grupo poderoso, y *tú* estás invitada a formar parte de él. ¡Dios tiene su mano sobre ti! Este poder maravilloso y creativo puede desatarse en tu hogar, tu lugar de trabajo, en el mercado y en las calles.

Estés donde estés puedes ministrar el poder de Dios, porque su poder mora en ti: solo tienes que dejarlo fluir.

DECRETOS

DECRETO QUE:

1. El poder de Dios me llena hasta rebosar a través de su Espíritu Santo.
2. Todo lo puedo en Cristo que me da poder.
3. El poder de Dios está en mi vida y está activado para bendecir a todo el mundo que me rodea.
4. Disfruto de excelencia moral gracias al poder de Dios que mora en mí.
5. Tengo el poder de hacer milagros en Cristo cuando lo activo a través de la fe y la obediencia al Espíritu.
6. Tengo la capacidad de obtener riqueza y poder.
7. Los enfermos serán sanados por el poder de Cristo cuando pongo mis manos sobre ellos.
8. En el poder y el nombre de Cristo puedo echar fuera demonios.
9. A través de Cristo tengo poder sobre el enemigo y nada me dañará.
10. Predico el evangelio con valentía a través del poder del Espíritu.

Decretos basados en los siguientes pasajes de las Escrituras:
Hechos 1:5, 8; Filipenses 4:13; Deuteronomio 8:18; Marcos 16:17-18;
Lucas 10:19.

ACTIVACIÓN

Tómate un momento hoy para pedirle a Dios que te llene de nuevo con el poder de su Espíritu Santo. Pídele que su poder te fortalezca, te llene con excelencia de alma, te empodere para crear riqueza, gane cualquier batalla a la que te estás enfrentando y te ayude a creer que Dios hará un milagro allá donde veas la necesidad. Alábale por su poder.

_____

_____

_____

_____

_____

_____

_____

_____

_____

_____

_____

_____

DÍA CUATRO

Bendita con favor

Y entrando el ángel en donde ella estaba, dijo:
¡Salve, muy favorecida! El Señor es contigo;
bendita tú entre las mujeres.

Lucas 1:28

María era muy joven cuando fue llamada a desempeñar una misión suprema: dar a luz a Jesucristo, el Mesías. Desde una perspectiva terrenal, no estaba demasiado cualificada para esta enorme tarea, pero el favor de Dios le permitió cumplir con ella.

Cuando crees en Jesús, tú también tienes la bendición de este tremendo favor a tu disposición: «muy favorecida». Es un regalo de Dios, y es inmerecido. Es una buenísima noticia. Cuatro definiciones de «favor»[3] son:

1. Gustar a los demás o recibir su aprobación

Cuando el don del favor de Dios está obrando en tu vida, gozarás de aprobación ante los ojos de los demás. A veces no puedes explicar por qué estás recibiendo un favor así. Y eso es porque es un regalo de Dios. Esta es una de las maneras en las que el favor de Dios se activa en tu vida. Vemos un ejemplo de esto en la vida de Ester. El rey la favoreció a ella más que a las demás mujeres sin motivo aparente y, como resultado de esta aprobación, Ester pudo librar a su nación tras convertirse en su reina.

2. Recibir privilegio y trato especial

Cuando eres favorecida, recibes privilegios y un trato especial. José fue favorecido en el hogar de Potifar y, aunque fue comprado como esclavo, vivió como si fuera el dueño de la casa. Incluso cuando estuvo en prisión no lo trataron como un prisionero. El carcelero le concedió privilegios y un trato especial. Esta es la bendición del favor de Dios.

3. Recibir amplios beneficios y regalos

Cuando eres favorecida, recibirás regalos y beneficios. En el Salmo 45:11-12 descubrimos que la persona amada por el Novio recibe presentes por doquier. ¡Y esa eres tú! A menudo recibo generosos regalos y beneficios que no merezco. Es el favor de Dios simplemente porque soy su amada. Puedes esperar recibir esta bendición de favor cuando amas a Jesús.

4. Recibir ventajas injustas

Cuando eres favorecida, a menudo recibes ventajas que no te has ganado o que no mereces. Hace años, en el campo de misión en Tijuana, México, necesitábamos alquilar una casa como punto de contacto con la comunidad. Había una lista de espera de dos años, y los residentes locales tenían prioridad. Nos dijeron que jamás conseguiríamos un lugar, pero el favor de Dios decidió lo contrario. Intervino en la situación y conseguimos un espacio en tres días. Fue, simplemente, una ventaja que recibimos como favor inmerecido y que no nos habíamos ganado. También pudimos conseguir fácilmente tres espacios más durante el año siguiente a medida que nuestro ministerio iba creciendo. El favor de Dios da ventaja.

Estoy segura de que has experimentado tanto el rechazo como el favor en tu vida, y estoy convencida de que puedo predecir cuál de las dos cosas te gusta más. El favor tiene muchos beneficios; te abre puertas y oportunidades. Puede librarte de tu aislamiento y atraer muchas bendiciones. De hecho, el favor es como un imán para las bendiciones, y es uno de los maravillosos regalos de Dios que has recibido libremente. Él quiere que experimentes su favor porque eres su hija preciosa.

Prepárate para recibir una lluvia de nuevos niveles de gran favor en tu vida. Hacer esto por ti está en el corazón de Dios.

DECRETOS

DECRETO QUE:

1. El favor de Dios vale más que las muchas riquezas y que la plata o el oro.
2. El favor me rodea como un escudo. Me cubre y me protege del miedo y el rechazo.
3. Estoy bendita con un favor divino que hace que mis enemigos estén en paz conmigo.
4. El favor de Dios en mi vida aumenta mi influencia positiva sobre mi familia y amigos, y en mi lugar de trabajo y comunidad.
5. Gracias al favor de Dios en mi vida, las puertas de la oportunidad se abren fácilmente ante mí.
6. Sigo creciendo a diario en el favor y recibo favor allá donde voy.
7. El favor en mi vida es como una nube llena de lluvia de primavera que cae sobre mi vida y me inunda como un rocío celestial, refrescándome cada día.
8. El Señor me favorece; él confirma y establece mis manos para que todo lo que ponga en ellas sea bendito.
9. El favor me lava los pies con leche y dirige mis pasos por el camino correcto.
10. El favor me busca a diario y me concede un trato preferencial.

Decretos basados en los siguientes pasajes de las Escrituras:
Proverbios 22:1; Salmo 5:12; 30:5, 7; Proverbios 16:17; Lucas 2:52;
Proverbios 16:15; 19:12; Isaías 45:1; Salmo 45:12; 90:17; Job 29:6;
Salmo 23:6; Job 5:9.

ACTIVACIÓN

Imagínate que caminas en un favor absoluto. Haz una lista de las áreas de tu vida en las que no experimentas el favor y tómate un momento para meditar, soñar e imaginar estas áreas saturadas del favor de Dios. ¿Qué ves? Ora para que tu sueño se convierta en una realidad.

_____

_____

_____

_____

_____

_____

_____

_____

_____

_____

_____

_____

BENDITA CON VALENTÍA

Porque no nos ha dado Dios espíritu de cobardía,
sino de poder, de amor y de dominio propio.

2 TIMOTEO 1:7

La frase «no temas», en inglés, aparece 331 veces en la versión King James de la Biblia. Dios quiere que tratemos al miedo como si fuera un enemigo feroz. No podemos dejarle ningún espacio. El miedo nos incapacita y funciona de forma similar a la fe, pero a la inversa, negativamente: podríamos describirlo como «la fe del diablo». Job confirma este hecho aleccionador sobre el poder y la influencia del temor en tu vida: «Porque el temor que me espantaba me ha venido, y me ha acontecido lo que yo temía» (Job 3:25).

Crystal, una joven adolescente, estaba participando en un concurso de canto en su escuela. Tenía una voz preciosa y cultivada, y lo tenía todo para triunfar sobre el escenario. Su pasión al cantar era eléctrica, y cautivaba a todo aquel que la escuchara. Las multitudes quedaban atrapadas por su genuinidad, su presencia sobre el escenario, su don y su carisma, y quedó entre los cinco finalistas. Recibió muy buenas valoraciones y contaba con el favor de sus oyentes. Muchos creían que era la clara ganadora de la competición.

Hasta ese punto, Crystal había contado con una sana confianza en sí misma, pero cuando vio a los otros cuatro finalistas cayó presa del miedo. Empezó a creer que era inferior, sin ningún derecho a haber llegado tan lejos en la competición. Su mente se vio inundada de críticas y dudas sobre su talento, y por la noche tenía pesadillas en las que se equivocaba y hacía el ridículo más espantoso. Sus profesores de canto y sus padres intentaron sacarla de esta negatividad, pero Crystal estaba paralizada por el tormento. Se obsesionó tanto con todas esas mentiras que llegó al punto de retirarse de la competición. Había perdido toda la confianza en sí misma. Y el miedo era el culpable de ello.

Después de la competición, durante una sesión de terapia, acabó siendo consciente de cuál era su brutal enemigo: el *miedo*. Ese enemigo le había robado su potencial y su sueño. Se había creído sus mentiras, pero ahora había llegado el momento de hacer que el diablo lamentara lo que había intentado hacerle. Siguió practicando con constancia sus habilidades vocales, pero también reforzó una base sólida de creencias esenciales basadas en verdades bíblicas que produjeron una fe inquebrantable que, a su vez, le dio la valentía necesaria para volver a competir. ¡Dios no le había ofrecido miedo, sino fuerza, victoria, valentía y satisfacción! Él le dio la capacidad de hacerlo todo en Cristo, quien la fortaleció.

Su objetivo no era ganar una competición, sino dejar atrás las mentiras que el enemigo le había lanzado para conseguir lograr una valentía absoluta. El año siguiente volvió a entrar en la misma competición y, de nuevo, volvió a llegar a la final. Se enfrentó al enemigo, firme en su fe, negándose a permitirle que le robara su confianza. Quedó segunda en la competición, pero la verdadera victoria fue triunfar en su batalla para conquistar el miedo. No fue la última vez que se sintió tentada por el temor y la inseguridad, pero ya había logrado vencer el miedo. Ahora sabía cómo enfrentarse a sus temores y a las mentiras que los creaban. Siguió adelante en su carrera como cantante con el valor que ahora ya tenía en su vida.

No dejes que el miedo te mienta y te robe tus sueños y potencial. En Cristo no tienes ningún miedo. Puedes enfrentarte a cualquier cosa y ganar. Lo dice Dios.

DECRETOS

DECRETO QUE:

1. Dios no me ha dado espíritu de cobardía, sino de poder y amor, y una mente capaz.
2. Estoy fortalecida con poder en mi ser interior.
3. Mi corazón toma aliento y me enfrento con éxito a mis miedos.
4. Pienso en todo aquello que es verdadero, honesto, justo y de buen nombre.
5. Conozco la verdad, y la verdad me hace libre.
6. Como Josué, soy valiente y no temo ni desmayo.
7. No tengo miedo, porque a mi Padre celestial le ha placido darme con alegría su reino.
8. Soy valiente como un león en Cristo.
9. En el Señor está mi confianza.
10. En el nombre de Jesús derribo argumentos y llevo cautivo cualquier temor que se levante contra el conocimiento de Dios.

Decretos basados en los siguientes pasajes de las Escrituras:
2 Timoteo 1:7; Efesios 3:16; Salmo 31:24; Filipenses 4:8; Juan 8:32;
Josué 1:7; Lucas 12:32; Proverbios 28:1; 3:26; 2 Corintios 10:5.

ACTIVACIÓN

Identifica las mentiras de tu vida que te hayan producido miedo.
¿Cómo puedes sustituirlas por verdades basadas en la Palabra de Dios?

_____

_____

_____

_____

_____

_____

_____

_____

_____

_____

_____

_____

_____

DÍA SEIX

BENDITA CON SABIDURÍA

Sus enseñanzas están llenas de sabiduría y bondad
al brotar de sus labios instrucción amorosa.

PROVERBIOS 31:26

El rey Salomón fue famoso tanto por su sabiduría como por sus riquezas (ver 1 Reyes 10:1-9). Aunque sabemos que el origen de la sabiduría es Dios mismo, descubrimos en el libro de Proverbios que, en realidad, fue la madre de Salomón quien le transmitió la sabiduría de Dios a su vida. Durante varios años leí los primeros ocho o diez capítulos de Proverbios cada día porque ansiaba sabiduría y sabía que, cuando meditamos en la Palabra día y noche, prosperamos (Salmo 1:1-3). Yo deseaba ser prosperada en sabiduría.

Las mujeres son preciosas cuando se visten de sabiduría. Una mujer sabia rebosa gloria y belleza de Dios de formas profundas y ricas. Y creo que este es el motivo por el que Proverbios nos dice que el valor de la sabiduría va mucho más allá de cualquier cosa del mundo que podamos desear: «Es una mercancía más valiosa que el oro y las piedras preciosas, porque nada de lo que puedas desear es comparable con ella» (Proverbios 3:15).

La sabiduría se considera «la mercancía más valiosa» (Proverbios 4:7). En otras palabras, se trata de la base de muchas otras cosas de tu vida y, por lo tanto, es importante centrarse en ella. Puede que tengas conocimiento pero, si no tienes sabiduría, puede que no sepas cómo transmitirlo o aplicarlo. Quizá hayas recibido grandes sumas de dinero pero, si te falta sabiduría, puedes perderlo. La sabiduría afecta a todas las áreas de tu vida.

Como mujeres, nos enfrentamos a muchos desafíos en nuestro día a día. Necesitamos sabiduría para criar a nuestras familias, para ser luz en nuestro lugar de trabajo y para representar la naturaleza, la luz y la verdad de Dios en la oscuridad del mundo en el que vivimos. Recibiremos la sabiduría que necesitamos para lograr la victoria en todas las cosas a las que nos enfrentemos en esta vida.

Aquí tienes una descripción de la sabiduría que Dios te ha ofrecido en el Nuevo Testamento: «Pero la sabiduría que es de lo alto es primeramente pura, después pacífica, amable, benigna, llena de misericordia y de buenos frutos, sin incertidumbre ni hipocresía. Y el fruto de justicia se siembra en paz para aquellos que hacen la paz» (Santiago 3:17-18).

¿Quieres estar llena y revestida de esta maravillosa sabiduría de Dios? Puedes estarlo. Es una bendición que él ha preparado para ti. Pide en fe y recibirás.

Y si alguno de vosotros tiene falta de sabiduría,
pídala a Dios, el cual da a todos abundantemente
y sin reproche, y le será dada.

Santiago 1:5

DECRETOS

DECRETO QUE:

1. Soy bienaventurada porque he hallado la verdadera sabiduría y, como resultado, tengo más entendimiento.

2. Exalto la verdad de la sabiduría y ella me exalta y me guía al honor. Me adorna con belleza y gracia, y su gloria me rodea.

3. La busco de todo corazón, ya que es más valiosa que la plata y los tesoros ocultos.

4. La sabiduría es uno de los pilares de mi vida y, en cada situación a la que me enfrento, tengo acceso a ella.

5. No me falta sabiduría. Siempre la tengo a mi alcance. Se la pido a Dios y él generosamente me concede toda la que necesito para cualquier circunstancia a la que me enfrente.

6. Cuando pido sabiduría lo hago sin dudar y, por lo tanto, la recibo generosamente.

7. Como amo la sabiduría, riquezas y gloria infinitas vienen a mí; se me darán riquezas de la justicia y una vida larga y satisfactoria.

8. Soy guiada por el camino de la justicia y, por lo tanto, hablo sabiduría. Mi lengua habla justicia cuando me fortalece la sabiduría.

9. La sabiduría guarda mis pensamientos, mis palabras y mis caminos.

10. Recibo sabiduría de los cielos que es primeramente pura, después pacífica, amable, benigna, llena de misericordia y de buenos frutos, sin incertidumbre ni hipocresía.

Decretos basados en los siguientes pasajes de las Escrituras:
Proverbios 3:13; 4:8-9; 2:4; 4:6-8; Santiago 1:5; Proverbios 8:17-18;
8:21; 8:6; Salmo 37:30; 39:1; Santiago 3:17.

ACTIVACIÓN

Busca la sabiduría y haz que hoy sea lo más importante. A lo largo del día, alaba al Señor con acción de gracias por la sabiduría que te ha concedido. Cuando te enfrentes a una situación difícil, ora para recibir sabiduría y medita en los versículos de las Escrituras a los que se hace referencia en los decretos. ¡Descubrirás tesoros!

_____

_____

_____

_____

_____

_____

_____

_____

_____

_____

_____

DÍA SIETE

BENDITA PARA SER UNA BENDICIÓN

Bendito sea el Dios y Padre de nuestro Señor Jesucristo,
que nos bendijo con toda bendición espiritual
en los lugares celestiales en Cristo.

EFESIOS 1:3

Como la preciosa hija de Dios que eres, te corresponde vivir una vida de bendición. ¡Has sido creada para ella! A través de la obra terminada de Cristo en la cruz, ya has sido bendita con todas las bendiciones espirituales de los lugares celestiales y también con todo lo que necesitas para vivir una vida maravillosa, plena y gloriosa:

> Como todas las cosas que pertenecen a la vida y a la piedad nos han sido dadas por su divino poder, mediante el conocimiento de aquel que nos llamó por su gloria y excelencia, por medio de las cuales nos ha dado preciosas y grandísimas promesas, para que por ellas llegaseis a ser participantes de la naturaleza divina, habiendo huido de la corrupción que hay en el mundo a causa de la concupiscencia.
> (2 Pedro 1:3-4)

Dios te ha bendecido a través de Cristo y te ha llamado a ser una bendición para los demás. Como has sido bendita con libertad por Dios, ahora tú puedes bendecir libremente a los demás.

Esto lo vemos confirmado en la vida de Abraham. Dios declaró que Abraham sería bendecido para que él también pudiera ser de bendición para los demás. De hecho, todas las naciones del mundo han sido benditas a través de él (Génesis 12:2). También vemos a Dios diciendo a sus sacerdotes que invoquen la bendición sobre las personas. Les dio el poder de bendecir a los suyos (Números 6:22-26).

La Biblia nos enseña que, hoy en día, todos los que creen en Jesús pasan a formar parte de su sacerdocio, y eso te incluye a ti. «Mas vosotros sois linaje escogido, real sacerdocio, nación santa, pueblo adquirido por Dios, para que anunciéis las virtudes de aquel que os llamó de las tinieblas a su luz admirable» (1 Pedro 2:9). Eso significa que has sido llamada a ser una bendición para aquellos que Dios trae a tu vida. ¡Qué forma más gloriosa de vivir!

Cuando, recién convertida en creyente, descubrí esto, aprovechaba cada oportunidad para bendecir a los demás de forma intencionada. ¡Era glorioso porque no solo veía el gozo que los demás recibían, sino que mi propio gozo y satisfacción aumentaban! Es imposible bendecir a los demás sin que tú también recibas bendición. Vivir para ser de bendición es una sensación maravillosa. Y, hasta hoy, he seguido viviendo para otorgar bendiciones a los demás. Puedo bendecir a los otros de varias formas: con palabras de ánimo o un consejo especial, o con la Palabra y las promesas de Dios, ofreciendo una oración para otro o ministrándolo, o con regalos y ayuda económica. He sido bendita para bendecir a otros, y tú también.

DECRETOS

DECRETO QUE:

1. He sido creada para bendecir a los demás y, como resultado, recibo abundancia de bendiciones en cada área de mi vida.

2. Soy bendecida en mi ciudad y en mi país. Soy bendecida al entrar y al salir.

3. Todo lo que tocan mis manos es bendecido. Mi familia es bendecida. Mi provisión es bendecida. Todo lo que me pertenece es bendecido.

4. He sido bendecida con victoria ante cualquier desafío u obstáculo a los que me enfrento, porque el Señor me ha puesto por cabeza y no por cola. Estoy por encima, no por debajo.

5. El Señor me ha bendecido para que yo sea una bendición a los demás. Siembro generosamente y con alegría bendiciones en la vida de los demás, así que generosamente también segaré bendiciones.

6. El Señor me bendice y me guarda. Él hace resplandecer su rostro sobre mí y tiene de mí misericordia. Él alza sobre mí su rostro y pone paz en mí.

7. He sido bendecida con toda bendición espiritual en los lugares celestiales en Cristo, y en él me ha sido concedido todo lo que pertenece a la vida y a la piedad.

8. La gracia y la paz me han sido multiplicadas, y he recibido las bendiciones de todas las preciosas y grandísimas promesas de Dios en Cristo Jesús.

9. Está escrito que lo que Dios ha bendecido, ningún hombre puede maldecirlo; por lo tanto, he sido bendecida en el Señor y no puedo ser maldecida.

10. He sido bendecida mucho más abundantemente de lo que pido o entiendo.

Decretos basados en los siguientes pasajes de las Escrituras: Génesis 1:28; Deuteronomio 28:1-13; Génesis 12:2; 2 Corintios 9:6-7; Números 6:22-26; Efesios 1:3; 2 Pedro 1:2-4; Números 23:20; Efesios 3:20.

ACTIVACIÓN

Piensa en todas las formas en las que Dios te ha bendecido y apúntalas. Te quedarás sorprendida ante la bendición de la que gozas. Dale las gracias por cada una de estas cosas y piensa en maneras en las que puedas ser una bendición para los demás. Así que apunta tus bendiciones y después... ve.

_____

_____

_____

_____

_____

_____

_____

_____

_____

_____

_____

_____

_____

DÍA OCHO

BENDITA CON UN MENSAJE

De repente, la mujer dejó caer su jarra de agua y corrió
a su aldea y les dijo a todos: «¡Vengan a conocer a un hombre
en el pozo que me contó todo lo que he hecho! Podría ser el
Ungido que estábamos esperando».

JUAN 4:28–29

La mujer en el pozo era una mujer samaritana que, al parecer, tuvo una vida muy complicada. Jesús le había dicho que él sabía, por revelación divina, que ella se había casado cinco veces y que el hombre que vivía con ella en aquel momento no era su marido. No sabemos si sus cinco maridos se habían divorciado de ella o si habían fallecido pero, en cualquier caso, ¡vivió muchas tragedias! No sabemos si el hombre con el que vivía en aquel momento era un amante, su hermano o su padre, pero estaba en una situación difícil. Su vida no había sido un camino de rosas.

Dios puede transmitir su mensaje a partir de nuestros desastres, y eso es exactamente lo que él hizo por esta mujer. Y ella estaba tan emocionada por ese encuentro que tuvo con Jesús en el pozo que fue y le habló a todo su pueblo de él. Tras transmitirles este mensaje de esperanza, ellos también estaban emocionados: «Entonces salieron de la ciudad, y vinieron a él» (Juan 4:30).

El relato de las Escrituras no nos da su nombre, pero en la tradición se considera que la mujer samaritana era Fotina[4]. Fue la primera evangelista del Nuevo Testamento que ganó a una ciudad entera para Cristo. Su nombre y su mensaje quedaron escritos en la historia. Algunos escritos posteriores también indican que Fotina acabó siendo nombrada apóstol de Jesús y murió como mártir para su gloria.

Es posible que hayas oído este dicho: «Cuando la vida te dé limones, haz limonada». Y eso es exactamente lo que esta maravillosa mujer samaritana hizo con sus problemas. Gracias al mensaje que recibió a partir del desastre que era su vida, ¡pudo traer una gran gloria a Dios! Su historia le dará gloria para toda la eternidad. Cada vez que otros lean su historia en la Biblia, verán la comprensión de la maravillosa gracia de Dios. ¡De desastre a mensaje!

Algunos de mis peores errores, circunstancias más difíciles y situaciones más vergonzosas se han convertido en mis mensajes más vivos e inspiradores. Uno de mis mensajes favoritos es el de que el cuerpo de Cristo conozca la abundancia en Dios. He predicado muchos mensajes sobre este tema. También he escrito programas de estudios, he presentado programas de televisión y he escrito libros, blogs y decretos sobre esto. El mensaje es vivo y transforma vidas, pero surgió después de una prueba extremadamente difícil que duró cinco años: ¡un desastre! Aunque no me gustaría tener que volver a pasar por esa temporada de mi vida de nuevo, no la cambiaría por nada del mundo, porque el mensaje que surgió de ahí ha producido muchísimo fruto.

¿Te enfrentas a una situación difícil ahora mismo? ¿Te ahogas en un desastre y te sientes impotente? No te desanimes. Dios se revelará a ti de nuevas formas en medio de las dificultades, y convertirá tu desastre en un mensaje que traerá vida.

DECRETOS

DECRETO QUE:

1. Dios hará que todas las cosas me ayuden a bien, independientemente de la situación por la que esté pasando, porque lo amo y porque he sido llamada según su propósito.
2. Dios me lleva siempre en triunfo en Cristo Jesús, y por medio de nosotros manifiesta en todo lugar el dulce olor de su conocimiento.
3. El Señor me da gloria en lugar de ceniza.
4. He sido llamada y ungida a ser una mensajera de Dios para preparar el camino delante de él.
5. El Espíritu del Señor está sobre mí para dar buenas nuevas a los pobres, quebrantados y oprimidos.
6. He vencido por medio de la sangre del Cordero y de la palabra de mi testimonio.
7. La gracia se ha derramado en mis labios para darme poder y testificar de la bondad del Señor.
8. El Señor abre mis labios para que pueda alabarle por su bondad.
9. Mis labios se alegrarán por la redención del Señor. No callaré.
10. Iré por todo mi mundo con la valentía del Espíritu Santo, proclamando el mensaje de vida del evangelio de Jesucristo.

Decretos basados en los siguientes pasajes de las Escrituras:
Romanos 8:28; 2 Corintios 2:14; Isaías 61:3; Mateo 11:10;
Lucas 4:18; Apocalipsis 12:11; Salmo 45:2; 51:15; 71:23; Isaías 62:1;
Marcos 16:15.

ACTIVACIÓN

Reflexiona sobre tu vida y anota al menos una ocasión en la que te enfrentaras a una situación difícil. Escríbela y vuélvela a leer. ¿Sacaste algún mensaje de ese desastre? En tal caso, ¿cuál? Si no es así, busca cuál puede ser ese mensaje.

_____

_____

_____

_____

_____

_____

_____

_____

_____

_____

_____

_____

BENDITA CON ÉXITO

*Y un día de reposo salimos fuera de la puerta, junto al río,
donde solía hacerse la oración; y sentándonos, hablamos a las
mujeres que se habían reunido. Entonces una mujer llamada
Lidia, vendedora de púrpura, de la ciudad de Tiatira,
que adoraba a Dios, estaba oyendo; y el Señor abrió el corazón
de ella para que estuviese atenta a lo que Pablo decía.*

HECHOS 16:13–14

Lidia fue una mujer que temía al Señor. Se cree que era una mujer gentil que se convirtió al judaísmo[5] y, después, a través de las predicaciones de Pablo, conoció a Cristo. También era una mujer de negocios que vendía tela púrpura. El tinte púrpura era, por aquel entonces, un lujo poco común y que solo compraban los ricos[6], así que Lidia era una mujer influyente y de mucho éxito.

Igual que hizo con Lidia en su día, Dios está levantando a muchas mujeres de éxito en estos momentos. Su deseo es que los creyentes tengamos éxito en todo lo que empecemos en obediencia a su Palabra: «Jehová te enviará su bendición sobre tus graneros, y sobre todo aquello en que pusieres tu mano; y te bendecirá en la tierra que Jehová tu Dios te da» (Deuteronomio 28:8).

«Solamente esfuérzate y sé muy valiente, para cuidar de hacer conforme a toda la ley que mi siervo Moisés te mandó; no te apartes de ella ni a diestra ni a siniestra, para que seas prosperado en todas las cosas que emprendas. Nunca se apartará de tu boca este libro de la ley, sino que de día y de noche meditarás en él, para que guardes y hagas conforme a todo lo que en él está escrito; porque entonces harás prosperar tu camino, y todo te saldrá bien» (Josué 1:7-8).

En estos dos versículos queda claro que una de las claves más importantes del éxito es ser obediente a la Palabra. Sabemos que Lidia temía al Señor, así que seguramente obedeció y honró su Palabra.

Como hemos descubierto en un devocional anterior, la voluntad de Dios desde el mismo principio de los tiempos es bendecir a la humanidad. Dios proclamó una poderosa bendición sobre nosotros desde el mismo principio: «Y los bendijo Dios, y les dijo: Fructificad y multiplicaos; llenad la tierra» (Génesis 1:28).

Bendecir significa «invocar el favor o el cuidado divino sobre algo o alguien» y «conferir prosperidad o felicidad sobre algo o alguien»[7]; también puede significar «recibir el poder para triunfar». ¡Qué noticia más buena! Has sido llamada a la bendición de Dios: si Dios te ha bendecido, ¿quién te podrá maldecir? Vivir con la bendición del Señor crea la manifestación del éxito y de la abundancia en la vida. ¡Es maravilloso! Dios invocó su bendición sobre la humanidad inmediatamente tras crearnos. Esa bendición te da todo el poder que necesitas para triunfar.

No has sido creada para fallar; ese es el motivo por el que no te parece natural experimentar esto en tu vida. Y por eso, cuando el miedo al fracaso llama a la puerta de tu corazón, puede que sufras una sacudida emocional. Has sido creada para ser fructífera, para multiplicarte y para llenar la tierra con la gloria y bondad de Dios. Quizá eres una mujer de negocios, como Lidia, o quizá eres un ama de casa, una profesional en activo o una jornalera. Sea cual sea tu caso, has sido llamada a triunfar en todo lo que pertenece a tu vida. Jesús te ha abierto este camino, así que ¡ve y triunfa!

DECRETOS

DECRETO QUE:

1. Medito en la Palabra de día y de noche, y prospero en todo lo que hago.
2. Prospero en todas las cosas de mi vida, así como prospera mi alma.
3. El Señor me hace prosperar en todas las cosas que emprendo.
4. La bendición del Señor me hace fructificar.
5. Estoy llena de sabiduría, y esta me da la ventaja de triunfar.
6. Soy una hacedora de la Palabra de Dios y, como resultado, prospero en todo lo que hago.
7. Mis relaciones, tareas, crecimiento espiritual, salud y labor prosperarán en el Señor.
8. Llevo mucho fruto porque permanezco en el Señor.
9. Soy diligente y, por lo tanto, tengo éxito.
10. El Señor me muestra la senda de una vida de éxito.

Decretos basados en los siguientes pasajes de las Escrituras:
Salmo 1:2-3; 3 Juan 1:2; Josué 1:7-8; Génesis 1:28; Eclesiastés 10:10;
Deuteronomio 29:9; Juan 15:5; Proverbios 10:4; Salmo 16:11.

ACTIVACIÓN

Reflexiona en las áreas de tu vida en las que ya has experimentado el éxito. Escríbelas y dale las gracias a Dios por cada una de ellas. Testifica a los demás del éxito que él te ha concedido.

_____

_____

_____

_____

_____

_____

_____

_____

_____

_____

_____

_____

BENDITA CON FUERZA Y VALOR

¿Quién podría encontrar una esposa como esta?
¡Es una mujer fuerte y de gran valor! [...]
Se ciñe de fuerza, valor y poder en todas sus obras.

PROVERBIOS 31:10, 17

Tuve el honor de acompañar a una maravillosa joven de Dios desde el momento en el que se convirtió en cristiana. Creció maravillosamente en el Señor. Era una chica fuerte, llena de valentía y virtud.

Un día acudió a mí descorazonada: alguien la había acusado, de forma cruel y descuidada, de ser demasiado agresiva y apasionada por unos temas relacionados con la justicia en los que ella había volcado su atención. Llorando entre mis brazos, me dijo:

—No sé cómo dejar de ser tan apasionada.

—¡Pero si es maravilloso que seas fuerte! —le respondí yo.

Cada fortaleza tiene una debilidad correspondiente, y aunque debemos ser conscientes de la debilidad, Dios jamás querría que disminuyera nuestra pasión, fuerza y dedicación a las cosas a las que él nos ha llamado. Él es quien nos da fuerza, y espera que la administremos para su gloria.

Mi amiga descubrió su fuerza interior en medio de ese tiempo rodeada de acusaciones, arregló aquellas áreas de su vida que había que abordar y se alzó, armada de valor, para dirigir a sus tropas en la lucha por aquellos a los que se estaba tratando injustamente y que no tenían voz para protegerse o defenderse. Ha acabado convirtiéndose en una poderosa líder con influencia sobre las naciones. Es positivo que no retrocediera cuando su fuerza se puso en entredicho. Su humildad a la hora de tratar las cosas que había que abordar en su vida la hizo todavía más fuerte. Consiguió que las dificultades de esa temporada fueran en su favor y no en su contra.

En Proverbios 31 se nos presenta a esta maravillosa mujer virtuosa, que es un gran modelo. No solo es fiel en su hogar, matrimonio y familia, sino que también era una buena influencia en el mundo empresarial y generosa con los pobres. A esta mujer se la describe como una mujer de fuerza y valor que «se ciñe de fuerza, valor y poder en todas sus obras». Imagínate que te envuelven la fuerza, el valor y el poder de Dios. ¡Qué meditación más bonita!

En Efesios 6:10, Pablo anima a los creyentes a ser fuertes en el Señor: «Por lo demás, hermanos míos, fortaleceos en el Señor, y en el poder de su fuerza». Pablo da a los creyentes una clara invitación, en este pasaje, a alzarse y resistir en la fuerza del Señor.

Dios ha creado dones, fortalezas y habilidades en cada persona a la que él ha dado vida. Cuando identificas esos puntos fuertes en ti misma y los cultivas pasando por pruebas, aplicándolos de forma consciente y examinándolos a partir de tus experiencias, tú también te alzarás como la mujer de Proverbios 31. Después, espera a que los demás digan esto de ti: «Hay muchas valientes y nobles, pero has ascendido por encima de todas ellas!» (Proverbios 31:29).

DECRETOS

DECRETO QUE:

1. Me fortalezco en el Señor y en el poder de su fuerza.
2. Estoy fortalecida con poder y fuerza en mi ser interior.
3. Soy una mujer llena de fuerza y valgo más que las piedras preciosas.
4. El Señor me llena de gozo, y su gozo es mi fuerza.
5. Espero en el Señor y tengo nuevas fuerzas.
6. La sabiduría, el consejo, el poder y la inteligencia de Dios viven poderosamente en mí.
7. El Señor me dirige con su gran poder y su brazo extendido.
8. Confiaré y no tendré temor, porque el Señor es mi fortaleza y mi canción.
9. Dios me ciñe de fuerza y de poder. Él despeja mi camino.
10. Dios es la roca de mi corazón y mi porción para siempre.

Decretos basados en los siguientes pasajes de las Escrituras:
Efesios 6:10; 3:16; Proverbios 31:10; Nehemías 8:10; Isaías 40:31;
Deuteronomio 9:29; Job 12:13; Isaías 12:2; 2 Samuel 22:33;
Salmo 73:26.

ACTIVACIÓN

Identifica tres áreas de fortaleza en tu vida y celébralas alabando a Dios y dándole gracias por ellas. Identifica los puntos débiles correspondientes que acompañan a tus puntos fuertes. ¿De qué maneras puedes pulir y desarrollar tus puntos fuertes trabajando en los puntos débiles?

_____

_____

_____

_____

_____

_____

_____

_____

_____

_____

_____

DÍA ONCE

Bendita con una revelación renovada

Ella reparte verdad de revelación para alimentar a otros.
Es como un barco mercante que trae
suministros divinos del comerciante.

PROVERBIOS 31:14

En Lucas 10, Jesús y sus discípulos fueron a un pueblecito donde una mujer llamada Marta les dio la bienvenida a su hogar. Tenía una hermana viviendo con ella, María, que se sentó a los pies de Jesús. Mientras escuchaba con atención a cada palabra que él decía, María recibió una revelación nueva en su presencia. Marta estaba muy disgustada, ya que se había distraído con los preparativos de la comida y creía que María debería estar ayudándola. Así que decidió defenderse delante de Jesús: «Señor, ¿no te da cuidado que mi hermana me deje servir sola? Dile, pues, que me ayude» (Lucas 10:40).

La respuesta del Señor fue: «Marta, Marta, afanada y turbada estás con muchas cosas. Pero solo una cosa es necesaria; y María ha escogido la buena parte, la cual no le será quitada» (Lucas 10:41-42).

Muchas cosas de la vida pueden distraernos de lo más importante: el tiempo pasado con el Señor en su presencia, escuchando su Palabra. En su presencia, el Señor nos da una revelación nueva a nuestros corazones, y esa revelación produce fe. A menudo empiezo a leer mi Biblia aunque no me sienta motivada a hacerlo. Simplemente decido separarme de las cosas que me distraen y me centro en él a través de su Palabra. Incluso puede que al principio sienta que mi estudio es infructuoso pero, si sigo leyendo, creyendo en fe que recibiré revelación, esta acaba por llegar: ¡se enciende la bombilla! Y es muy emocionante. Te sientes como si Dios mismo estuviera ahí, dándote conocimiento... ¡Y eso es exactamente lo que está pasando!

Dios ansía traerte una revelación fresca cada día, incluso cuando abrió los cielos y bendijo a Israel con maná nuevo cada día mientras estaban en el desierto. La revelación que puede darte sobre sí y sobre su reino es inagotable. La clave está en estar dispuesta a esperar que la bendición de su revelación llene tu corazón.

María buscó hacerle lugar. No permitió que las tareas cotidianas la distrajeran de lo que era más importante, y Jesús la recompensó. Deja que sus palabras te llenen. Él te dará palabras llenas de vida cada vez que lo busques y cada vez que leas su Palabra. Él te ha bendecido con la capacidad de recibir una revelación nueva de su parte.

DECRETOS

DECRETO QUE:

1. Jesús es mi porción y prometo guardar sus palabras en mi interior.
2. Amo al Señor mi Dios con todo mi corazón, mi alma y mis fuerzas.
3. No permito que las distracciones me aparten del lugar más importante: a los pies de Jesús.
4. El espíritu de sabiduría y revelación en el conocimiento de Cristo me llena a diario.
5. Las cosas secretas de Dios me son concedidas a mí, a mis hijos y a los hijos de mis hijos cuando recibo revelación de él.
6. Cada día tengo a mi alcance maná nuevo del cielo.
7. Oigo al Señor y él me habla.
8. Busco revelación nueva y la hallo.
9. El poder de Dios me confirma según la revelación del misterio de Cristo.
10. El Señor me da cada día mi pan diario (revelación).

Decretos basados en los siguientes pasajes de las Escrituras:
Salmo 119:57; Deuteronomio 6:5; Lucas 10:38-42; Efesios 1:17-19;
Deuteronomio 29:29; Éxodo 16:12-21; 1 Samuel 3:9; Mateo 7:7;
Romanos 16:25; Mateo 6:11.

ACTIVACIÓN

Ora al Padre e invítale, por su Espíritu, a que te conceda una revelación nueva del conocimiento de Cristo y de su reino. Después, empieza a leer la Biblia. Intenta leer uno o dos capítulos enteros y busca tu maná recién caído del cielo. Sigue leyendo hasta que sientas que el Señor le habla a tu corazón. Después, escribe en un diario lo que el Señor está mostrándote con más énfasis. Medita en eso durante tu día. Lee la parte destacada varias veces durante los siguientes días hasta que lo interiorices.

_____

_____

_____

_____

_____

_____

_____

_____

_____

_____

_____

BENDITA CON GRACIA REDENTORA

¡Haremos para ti pendientes de oro
con incrustaciones de plata!
CANTARES 1:11 (NVI)

¿Alguna vez has pasado por una temporada difícil y complicada que ha traído devastación? En momentos así, puede que te preguntes si puede salir algo bueno de una temporada así, pero tenemos una promesa segura de Dios de que, a los que le aman y son llamados conforme a su propósito, todas las cosas les ayudan a bien (Romanos 8:28). Él puede tomar las peores situaciones y convertirlas en gloriosos testimonios. Tus pruebas en la vida pueden producir testimonio.

Antes de conocer al Señor como mi Salvador, Libertador y Sanador personal, mi vida era un desastre. Había tomado decisiones dolorosas y estaba sufriendo totalmente las consecuencias de mis acciones. Había herido a los demás y también me había herido a mí misma. Me había condenado a mí misma y mi corazón estaba revestido de vergüenza. Como yo no me amaba a mí misma, me era muy difícil pensar que podía recibir amor de cualquier otra persona.

La noche en la que nací de nuevo no me sentía digna de tener al Señor en mi vida, y desde luego me costaba creer que esto pudiera pasar; me sentía demasiado sucia, dañada y rota, y no entendía por qué motivo Dios iba a estar siquiera interesado en entrar en un cuerpo tan desastroso. Pero, aun así, en el mismo momento en el que lo invité a entrar en mi corazón y perdonar mis pecados, el Señor no tuvo ni un instante de vacilación. Mi corazón se vio inundado por una sensación de amor casi líquida. Me quedé maravillada, saboreando la gloria de su amor y gracia incondicionales. Me limpió y me dio vida nueva; lo supe en mi interior. Me concedió su favor aunque yo no lo mereciera. Era un favor inmerecido, sin que yo hubiera hecho nada para que me correspondiera: ¡una gracia sublime!

A partir de ese momento, Dios le dio completamente la vuelta a toda mi situación. Sanó todo lo que estaba herido, vendó todo lo que estaba roto y purificó todas mis manchas. Su gracia redentora lo cambió todo. Hoy ministro su evangelio y doy testimonio de su bondad por todo el mundo. Él cambió mis cenizas por belleza y ha hecho nuevas todas las cosas.

Lo mejor de su gracia es que no tienes que esforzarte por obtenerla. Él te la da libremente. La gracia es un favor inmerecido y que no nos corresponde, pero también es su influencia divina sobre tu corazón y vida. Él te da poder para cumplir su voluntad sin luchas internas. Su gracia redentora es bellísima y te la ofrece ahora mismo.

Independientemente de la situación a la que te enfrentes en este momento o de las decisiones pecaminosas que hayas tomado en el pasado, Dios se compromete a darles la vuelta y a concederte los tesoros escondidos y los secretos muy guardados (Isaías 45:3).

Mira lo que declaró David ante Dios después de haber seducido a la esposa de su soldado más leal, Urías, y después de ordenar que lo mataran para que el embarazo de Betsabé siguiera siendo un secreto. Este pecado trajo grandes desgracias a David[8], pero incluso así pudo encontrar el perdón en Dios, además de una redención y gracia renovadas: «En tu mano encomiendo mi espíritu; tú me has redimido, oh Jehová, Dios de verdad» (Salmo 31:5).

La preciosa e incomprensible gracia redentora de Dios está al abasto de cualquiera que la necesite. ¡Qué tremendamente generoso es nuestro Dios!

DECRETOS

DECRETO QUE:

1. Por gracia he recibido el maravilloso don de la salvación a través de la fe; no es gracias a mis esfuerzos ni a mis obras. Puedo andar y deleitarme en este glorioso don cada día.

2. El Señor me ha dado gracia y gloria; no me quita el bien si ando en integridad.

3. Por su gracia, Dios me ha dado los tesoros escondidos y los secretos muy guardados.

4. Dios hace que toda gracia abunde en mí, así que siempre tendré en todas las cosas todo lo suficiente, de modo que abunde para toda buena obra.

5. Como soy amada de Dios, cada día camino en la gracia y la paz de mi Padre y del Señor Jesucristo.

6. La gracia del Señor es suficiente para mí, y su poder se perfecciona en mi debilidad.

7. Soy fuerte en la gracia que está en Cristo Jesús.

8. Me acerco confiadamente al trono de la gracia, para alcanzar misericordia y hallar gracia para recibir oportuno socorro.

9. Dios, en su gracia, hace que todas las cosas me ayuden a bien, ya que lo amo y he sido llamada conforme a su propósito.

10. He recibido dones, poder y gracia para cumplir con mi cometido y andar en las buenas obras que Dios preparó de antemano para que yo anduviera en ellas.

Decretos basados en los siguientes pasajes de las Escrituras:
Efesios 2:8; Salmo 84:11; Isaías 45:3; 2 Corintios 9:8; Romanos 1:7;
2 Corintios 12:9; 2 Timoteo 2:1; Hebreos 4:16; Romanos 8:28;
Efesios 2:10; 3:7; 4:7.

ACTIVACIÓN

¿En qué áreas de tu vida necesitas que se manifieste la gracia redentora de Dios? Haz una lista. Por fe, recibe sus promesas en estas áreas.

_____

_____

_____

_____

_____

_____

_____

_____

_____

_____

_____

_____

_____

DÍA TRECE

BENDITA CON EL REVESTIMIENTO DE HUMILDAD

Igualmente, jóvenes, estad sujetos a los ancianos;
y todos, sumisos unos a otros, revestíos de humildad; porque:
Dios resiste a los soberbios, y da gracia a los humildes.

1 PEDRO 5:5

La humildad es la cualidad de ser cortésmente respetuoso con los demás. Un comportamiento humilde es lo opuesto a alguien agresivo, arrogante, presuntuoso, orgulloso, egocéntrico, fanfarrón, engreído y egoísta. En vez de mostrar una actitud de «yo soy lo primero», la humildad siempre es considerada con los demás y los tiene en cuenta.

Jesús es nuestro modelo perfecto de humildad. Cuando pienso en Jesús, lo veo envuelto en humildad, como alguien que se viste con una prenda. La humildad es bella. No es débil sino poderosa, y cada creyente tiene el potencial de manifestar la humildad de Dios, que da vida. Tú también puedes revestirte de ella como quien se pone una prenda.

El apóstol Pablo testifica de la vida de humildad de Cristo ante Dios y ante los hombres, y también revela cuál es la recompensa de esa humildad en Filipenses 2:3-11:

> Nada hagáis por contienda o por vanagloria;
> antes bien con humildad, estimando cada uno

a los demás como superiores a él mismo; no mirando cada uno por lo suyo propio, sino cada cual también por lo de los otros. Haya, pues, en vosotros este sentir que hubo también en Cristo Jesús, el cual, siendo en forma de Dios, no estimó el ser igual a Dios como cosa a que aferrarse, sino que se despojó a sí mismo, tomando forma de siervo, hecho semejante a los hombres; y estando en la condición de hombre, se humilló a sí mismo, haciéndose obediente hasta la muerte, y muerte de cruz. Por lo cual Dios también le exaltó hasta lo sumo, y le dio un nombre que es sobre todo nombre, para que en el nombre de Jesús se doble toda rodilla de los que están en los cielos, y en la tierra, y debajo de la tierra; y toda lengua confiese que Jesucristo es el Señor, para gloria de Dios Padre.

Jesús se humilló a sí mismo y, como resultado, recibió la recompensa de la exaltación eterna. Cuanto más te humilles a ti misma, más te exaltará y ensalzará Dios. Esta es una de las muchas recompensas de la humildad. Vamos a ver unas cuantas más:

La recompensa del honor

«Álzate con orgullo y pronto serás abatido, pero un espíritu manso y humilde te añadirá honra» (Proverbios 29:23).

La recompensa de la herencia y las tierras

«Pero los mansos heredarán la tierra, y se recrearán con abundancia de paz» (Salmo 37:11).

La recompensa de las riquezas

«Rendir tu vida en tierna entrega ante el Señor traerá vida, prosperidad y honor como recompensa» (Proverbios 22:4).

La recompensa de una gracia mayor

«Pero él da mayor gracia. Por esto dice: Dios resiste a los soberbios, y da gracia a los humildes» (Santiago 4:6).

La recompensa de la fortaleza

«Oh Señor, tú has oído el deseo de los humildes, tú fortalecerás su corazón e inclinarás tu oído» (Salmo 10:17 LBLA).

La recompensa de la justicia y la enseñanza

«Dirige a los humildes en la justicia, y enseña a los humildes su camino» (Salmo 25:9 LBLA).

La recompensa de la sabiduría

Cuando actúas con presunción, convencido de que tienes razón, ¡no te sorprendas si te caes de bruces! Pero caminar con humildad te ayuda a tomar decisiones sabias» (Proverbios 11:2).

Los ropajes de humildad de Dios están a tu alcance. Cuando te vistas con este precioso atributo de Cristo harás que el mundo sea un lugar mejor; y las recompensas superan de lejos el sacrificio.

DECRETOS

DECRETO QUE:

1. No hago nada por egoísmo ni vanagloria, sino con humildad y estimando a los demás como más importantes que yo misma.

2. Como Cristo, no miro solo por lo mío propio, sino que también velo por lo de los otros.

3. Me humillo ante Dios y camino en obediencia delante de él.

4. Recibo la exaltación de Dios porque soy humilde ante él.

5. Dios honra mi humildad encaminándome por el juicio y enseñándome su camino.

6. El Señor oye el deseo de los humildes, y da fuerzas a mi corazón gracias a mi humildad.

7. Dios me recompensa con riquezas y abundante prosperidad.

8. Si camino en humildad, heredaré la tierra.

9. El Señor me da mayor gracia porque estoy revestida de humildad.

10. El Señor me recompensa con sabiduría si me comprometo a abrazar la humildad.

Decretos basados en los siguientes pasajes de las Escrituras:
Filipenses 2:3-5; Lucas 1:52; Salmo 25:9; Salmo 10:17; 37:11;
Santiago 4:6; Proverbios 11:2.

ACTIVACIÓN

Toma nota de las áreas en las que ya estás andando en humildad delante de Dios y de los hombres. Dale las gracias a Dios porque, por su gracia, te ha permitido hacerlo. Después, invita al Espíritu Santo a que te señale cualquier área de tu vida en la que estés andando en orgullo. Si llega esa convicción del Espíritu, arrepiéntete, invita a Dios a perdonarte y revístete de humildad en esa área.

_____

_____

_____

_____

_____

_____

_____

_____

_____

_____

_____

_____

DÍA CATORCE

BENDITA
CON GLORIA

«Porque la misma gloria que tú [Dios]
me has dado, yo se la he dado».

JUAN 17:22

Uno de mis pasajes favoritos es Isaías 60:1-3. El versículo 1 dice que la gloria del Señor ha nacido sobre nosotros porque nuestra luz (Jesús) ha venido, y el versículo 3 explica que esta luz, esta gloria, aparecerá sobre nosotros.

Imagínate que nace sobre ti la gloria de Dios: te levantas una mañana, te miras al espejo y contemplas su maravillosa gloria. Puede que te estés preguntando: «Pero... ¿cómo se ve la gloria? ¿Cuál es esta gloria?».

La gloria de Dios es un tema enorme pero, para resumir, la gloria de Dios es:

1. Todo lo que es Dios

Por ejemplo, él es justicia, verdad, amor, fidelidad, poder, compasión, sabiduría, belleza y bondad.

2. Todo lo que Dios posee

¡Él es dueño y propietario de todas las cosas! Toda la tierra es suya, toda en su plenitud, todo lo que contiene y todo lo que vive en ella. Suyos son los rebaños de miles de colinas, todo el oro y la plata, la riqueza, los planetas, los cuerpos celestes, todo lo que está en cielo y todo lo que está en el tiempo o la eternidad.

3. Todo lo que Dios hace

Dios crea, sana y protege. Él da vida, salvación, perdón y purificación. Hace milagros y más.

La gloria se centra *completamente* en Dios, y él quiere que tengas su aspecto y la plenitud de su gloria sobre tu vida y en tu vida. Eres un reflejo y una revelación de su gloria al mundo que te rodea.

Aquí tienes cuatro claves para ayudarte a crecer en la manifestación de la gloria de Dios en tu vida:

1. Cree que Dios es tu gloria. Que él desea llenarte con su gloria y manifestarla sobre tu vida y en ella. La misma gloria que el Padre le dio al Hijo te ha sido dada a través de la muerte de Cristo en la cruz. Manifestarás en tu vida lo que crees en tu corazón. Cree que Dios realmente te ha dado su gloria.

2. Céntrate en Dios. Recuerda que la gloria se basa en él. Cuanto más sepas de Dios, más conocerás su gloria. Cada experiencia en la gloria es para llevarte a él. Intenta centrarte y meditar en varios atributos de su gloria, uno por uno.

3. Explora la Palabra para ver qué dice de Dios y su gloria. La Palabra es mucho más que palabras impresas en una página: es una realidad espiritual y viva. Descubrirás el poder y la realidad de su gloria a medida que leas las Escrituras.

4. Descansa, sin tener que esforzarte en vano. Dios ya te ha dado su gloria, así que no hace falta que te esfuerces por lograr algo que ya tienes. El Espíritu de Dios te encontrará, te dirigirá y te guiará a la gloria, así que no estés ansiosa. Dios le prometió esto Moisés: «Mi presencia irá contigo, y te daré descanso» (Éxodo 33:14). También te lo promete a ti.

Dios te ha dado su gloria como tu porción: todo lo que es, todo lo que tiene y todo lo que hace. Levántate, resplandece y deja que su gloria nazca sobre ti. Disfruta de formar parte de su gloriosa naturaleza divina.

DECRETOS

DECRETO QUE:

1. Me levanto y resplandezco porque mi luz ha venido y la gloria de Jehová ha nacido sobre mí.

2. En medio de la oscuridad que cubre toda la tierra y sus habitantes, la gloria del Señor aparecerá sobre mí.

3. Jesús me ha dado la gloria que el Padre le dio a él.

4. Jesús es la gloria y quien levanta mi cabeza.

5. El Señor me concede gracia y gloria. Recibo gloria y honor y paz cuando ando en integridad.

6. La gloria de Dios es mi retaguardia y me protege en todo momento.

7. Estoy siendo transformada a la misma imagen del Señor, de gloria en gloria.

8. Los ojos de mi corazón han sido alumbrados para que sepa la esperanza a la que él me ha llamado y cuáles son las riquezas de la gloria de su herencia.

9. El Dios de toda gracia, que me ha llamado a su gloria eterna en Cristo, me perfeccionará, afirmará, fortalecerá y establecerá.

10. Esta leve tribulación momentánea me produce un peso eterno de gloria más allá de toda comparación.

Decretos basados en los siguientes pasajes de las Escrituras:
Isaías 60:1, 3; Juan 17:22; Salmo 3:3; 84:11; Isaías 58:8;
2 Corintios 3:18; Juan 5:44; Romanos 2:10; 2 Corintios 4:17;
Efesios 1:18; 1 Pedro 5:10; 2 Corintios 4:17.

ACTIVACIÓN

Ponte delante de un espejo y ve por fe que la gloria de Dios se manifiesta en tu semblante. Decreta, sobre la imagen de ti misma en el espejo, los diez decretos anteriores. Medita en cómo será tu vida cuando manifiestes plenamente la gloria de Dios: todo lo que es, todo lo que tiene y todo lo que hace. ¡Sueña a lo grande!

_____

_____

_____

_____

_____

_____

_____

_____

_____

_____

_____

DÍA QUINCE

BENDITA CON CRECIMIENTO

Aumentará Jehová bendición sobre vosotros;
sobre vosotros y sobre vuestros hijos.
Benditos vosotros de Jehová,
que hizo los cielos y la tierra.
SALMO 115:14–15

El plan que Dios tenía para ti desde el principio de los tiempos era que crecieras en todo lo bueno. En Génesis 1:28 bendijo a la humanidad con el poder de crecer y multiplicarse, y a lo largo de las Escrituras encontramos, a partir de ese momento, promesa tras promesa sobre su deseo de ver que su pueblo crezca.

Descubrimos en Marcos 4:8 que, cuando sembramos la Palabra, recogeremos treinta, sesenta o cien veces más. En Deuteronomio 1:11 vemos una promesa que proclama que podemos tener mil veces más de lo que tenemos ahora.

Imagínate, con seriedad, multiplicando por dos todo lo que tienes ahora mismo: el doble de casas y tierras, el doble de dinero en el banco, el doble de comida, el doble de ropa, el doble de vehículos, el doble de amigos, el doble de unción, el doble de amor por Dios, el doble de fuerza, el doble de gozo, el doble de paz, el doble de amor, el doble de paciencia, el doble de encuentros con Dios, el doble de comprensión de las Escrituras y el doble de dones, talentos y habilidades, por poner algunos ejemplos.

Y esta lista es solo un inicio, porque has sido elegida para multiplicarte y crecer. El factor de multiplicación más bajo es el doble, pero Dios tiene muchísimo más preparado para ti. Él desea que cultives en tu corazón una expectativa de que vas a ver un crecimiento significativo en cada aspecto de tu vida.

Mi marido y yo estábamos reflexionando sobre la bondad de Dios un día. Por aquel entonces llevábamos casados cuarenta y cinco años. Recordábamos que, cuando nos acabábamos de casar, teníamos pocas cosas de nuestra propiedad. Acabábamos de comprar nuestra primera casa, teníamos un vehículo y algunos muebles humildes, y nuestra cuenta bancaria estaba casi vacía. Cuarenta y cinco años más tarde hemos crecido en tierras, casas, muebles, vehículos, equipos y dinero, y tenemos todo tipo de parafernalias. También hemos visto un crecimiento en sabiduría, amor, dones, talentos, habilidades, unción, revelación, favor y todo lo relacionado con la vida y con Dios. Tenemos mucho más del doble de todas estas cosas. De hecho, algunas de las bendiciones mencionadas arriba han aumentado cien o más veces.

Hemos descubierto tres claves importantes a la hora de asegurar el crecimiento en tu vida:

1. Planta una semilla: Si quieres crecer, antes tienes que plantar. No podrás recoger una cosecha sin antes sembrar. Una semilla puede ser tu economía, tiempo, amistad, servicio, ropa, comida, posesiones materiales, talentos y habilidades, por mencionar unos cuantos. Planta con intención para cosechar lo que quieres.

2. Sé una buena administradora: Jesús enseñó que, cuando eres fiel en lo poco, recibirás más (Mateo 25:23). Cuando mi esposo y yo administramos bien nuestros dones, dinero, llamados ministeriales y posesiones materiales, crecimos.

3. Expectativa: Si esperamos un crecimiento en nuestras vidas, lo recibimos. Cuando entiendes que la voluntad de Dios es que crezcas, es fácil esperarlo, ya que esta expectativa se basa en las promesas de Dios. A él le encanta que creas lo que te dice. Aviva en ti la expectativa de este crecimiento y lo atraerás.

Como mujer de Dios, el Señor quiere que crezcas en todo lo que pertenece a tu vida. Prepárate para crecer.

DECRETOS

DECRETO QUE:

1. Dios me ha creado con el poder de crecer y multiplicarme.
2. Siembro generosamente para cosechar con generosidad: cantidades buenas, apretadas para que quepan más, remecidas y rebosando en mi regazo.
3. Siembro en tierra buena y fértil; mi semilla da fruto y crece, y produce a treinta, a sesenta y a ciento por uno.
4. Como glorifico a Dios con todas mis riquezas y con lo mejor que tengo, él hará que cada dimensión de mi vida rebose bendiciones.
5. Llevo todos mis diezmos al granero, y el Señor me abre las ventanas de los cielos y derrama sobre mí bendición hasta que sobreabunde.
6. El Señor me bendecirá a mí y a mi familia con gran crecimiento porque le temo.
7. El Señor me manda bendición en todo lo que hago; él me bendice en la tierra que me ha dado.
8. El Señor me multiplica mil veces más de lo que soy y me bendice, tal y como ha prometido.
9. Como fiel sierva de lo que el Señor me ha dado, él me recompensará con más abundancia y responsabilidad.
10. Siembro abundante y alegremente, tal como propongo en mi corazón, para segar con abundancia.

Decretos basados en los siguientes pasajes de las Escrituras:
Génesis 1:28; Lucas 6:38; Marcos 4:8; Proverbios 3:9-10;
Malaquías 3:8-10; Jeremías 17:7-8; Salmo 115:13-14;
Deuteronomio 28:8; 1:11; Mateo 25:3; 2 Corintios 9:6-8.

ACTIVACIÓN

Evalúa cómo administras las cosas con las que Dios te ha bendecido. ¿Has sido fiel cuidándolas bien? Si no es así, jamás es demasiado tarde para cambiar. Apunta maneras en las que puedas hacer cambios y, luego, actúa a partir de ellas. Después, elige dos áreas de tu vida en las que quieras ver crecimiento. Siembra en esas áreas con la expectativa de ver un aumento.

_____

_____

_____

_____

_____

_____

_____

_____

_____

_____

_____

Bendita con amor incondicional

Mirad cuán gran amor nos ha otorgado el Padre, para que seamos llamados hijos de Dios; y eso somos. Por esto el mundo no nos conoce, porque no le conoció a él.

1 Juan 3:1

Recuerdo el momento en el que tuve a mi primer hijo entre mis brazos instantes después de traerlo a este mundo. ¡Jamás había sentido un amor igual! Cada parte de mi ser rebosaba admiración y adoración por esta vida preciosa que me había sido confiada. Mi hijo todavía no había hecho nada ni se había comportado de una forma que mereciera un amor así. Lo amaba porque era mi hijo. Era bellísimo, precioso en todos los aspectos.

Esa fue la primera vez que pude entender el amor incondicional de Dios por nosotros. Su amor no está basado en nuestro comportamiento o rendimiento. Él nos ama porque somos sus hijos e hijas. Él nos ama porque esa es su esencia. Su ser es amor. ¡Primera de Juan 4:9 enseña que Dios *es* amor! El amor es una Persona y él te ha creado como objeto de su afectuoso amor. Todo lo que él hace y es expresa amor, porque él es la fuente del amor y no puede actuar si no es en amor.

Todo el mundo necesita amor, porque hemos sido creados para el amor y por el Amor. Dios habló sobre lo constante que es su amor a través de Jeremías, diciendo: «Con amor eterno te he amado, por eso te he atraído con misericordia» (Jeremías 31:3). ¡Su amor por ti no se acaba nunca! Es constante y completo para toda la eternidad.

En el libro de Génesis vemos que la humanidad fue separada de Dios por su caída en el pecado. Como resultado, experimentamos culpabilidad, vergüenza, miedo y condenación en vez de amor, pero todo esto no fue nunca la intención ni el deseo de Dios para nosotros. Nos alejamos del amor perfecto.

Aun así, a través de Cristo hemos sido reconciliados con Dios y con su amor. Dios sabía que no teníamos la capacidad de enmendar nuestros errores. Teníamos una deuda tan enorme por nuestros pecados que era imposible que pudiéramos saldarla. Así que, como resultado, él decidió pagarla en nuestro lugar. Se hizo hombre y pagó la deuda por completo a través de su vida sin pecado y de su muerte en la cruz. A cambio, nos dio su justicia y vida eterna.

¡Qué regalo de amor más desmesurado! No nos lo hemos ganado. No lo merecemos. Simplemente recibimos a Cristo en nuestra vida como Señor y Salvador por fe. Él hizo todo lo necesario para restaurar nuestra relación con Dios, para restaurarnos al Amor. Lo único que tenemos que hacer es creer.

Este glorioso regalo de la reconciliación no se basa en tu capacidad para obedecer sus mandamientos, en tu comportamiento o en tu desempeño. Se basa en su amor incondicional por ti y por nosotros. ¡*Siempre* nos amará! Eres su hija preciosa y amada, y siempre lo serás. Si recibes y comprendes este gran y glorioso amor, es fácil amar a Dios con todo tu corazón, tu mente y tus fuerzas. Deléitate en su amor incondicional y glorioso, y deja que te transforme.

DECRETOS

DECRETO QUE:

1. Soy amada con el amor eterno y perfecto de Dios, y él me atrae hacia sí con ternura y bondad.

2. Me deleito en este amor, y nada en absoluto me separará de este amor que Dios ha derramado sobre mí.

3. El amor de Dios por mí no falla nunca; es rico y misericordioso, dulce y cariñoso.

4. El amor de Dios me cubre como una bandera que me ofrece protección y victoria, y me guía para saber hacia dónde ir.

5. Le sigo porque me atrae con su amor íntimo.

6. He sido llamada a conocer el rico amor de Dios, que sobrepasa el conocimiento, para estar llena de su plenitud.

7. ¡Soy objeto del afecto y el amor más profundos de Dios!

8. Gracias al amor de Dios por mí no moriré nunca, sino que tendré vida eterna con él.

9. El amor incondicional de Dios brota en mi interior como lluvia fresca de los cielos y me inunda de paz perfecta.

10. El Señor derrama su amor inagotable sobre mí cada día y, como resultado, puedo amar a los demás libremente.

Decretos basados en los siguientes pasajes de las Escrituras:
Jeremías 31:3; 1 Juan 3:1; Romanos 8:38-39; 1 Corintios 13:4, 7-8;
Cantares 1:2, 4; 2:4; Efesios 3:18-20; Juan 3:16; Salmo 42:8;
Lucas 6:35.

ACTIVACIÓN

Medita sobre el amor incondicional de Dios por ti. Espera que él susurre palabras de amor a tus pensamientos. Escribe lo que él te diga. Saborea esas palabras. Créelas.

_____

_____

_____

_____

_____

_____

_____

_____

_____

_____

_____

_____

BENDITA CON GENEROSIDAD ESPLÉNDIDA

Se la conoce por su espléndida generosidad con los pobres,
porque siempre tiende la mano a los necesitados.

PROVERBIOS 31:20

El corazón de Dios es tremendamente generoso. Es espléndido en su amor hacia nosotros y nos da libremente todas las cosas. La mujer virtuosa de Proverbios 31 se describe como alguien que manifiesta generosamente la naturaleza de Dios. Como creyentes, hemos sido bendecidas con su naturaleza generosa. Esta «naturaleza divina» vive dentro de nosotros, y podemos liberar este precioso tesoro y demostrar su generosidad en el mundo en el que vivimos.

Lo contrario de un espíritu generoso es un espíritu avaricioso. Una mañana, tras el culto dominical, una creyente que yo sabía que había sido bendecida grandemente con riquezas materiales se acercó a mí y me dijo que necesitaba mi consejo. Me explicó que una amiga suya, madre soltera con tres hijos pequeños, necesitaba comida. Esa persona, al parecer, no tenía nada de comida en su hogar. Yo ya conocía a esta madre de tres pequeños y sabía que hacía todo lo posible para salir adelante con lo que tenía, sin derrochar el dinero de forma alocada. Normalmente no pedía ayuda, aunque a menudo sí que la necesitaba con los pequeños.

Y la mujer acaudalada que había acudido a mí para pedirme consejo me preguntó si debía comprarle comida a esta amiga suya. Me pregunté por qué dudaba o por qué tenía la necesidad de preguntármelo antes. Me explicó que no quería que esta madre soltera se volviera dependiente de ella y que quizá esto llevara a que, en otra ocasión, esta le pidiera comida. También estaba preocupada por si se corría la voz de que ella ayudaba a los necesitados y, como resultado, otras personas acudieran a pedirle dinero o comida.

¡Me quedé estupefacta! Esa mujer vivía de forma opulenta. Comía en los mejores restaurantes, compraba ropa de alta costura, disfrutaba a menudo de tratamientos de belleza y tenía tres coches en su casa, además de vehículos recreativos. Tenía de todo, mientras que la madre soltera pasaba día tras día sobreviviendo con lo básico. Le dije que, si en su corazón no tenía el deseo de ayudar, que no lo hiciera. Y no lo hizo.

Varios de nosotros nos juntamos para ayudar a esa madre soltera. Dios usó a aquellos que habían sido benditos con su corazón generoso para apoyar a esa maravillosa madre y ayudarla a cuidar a sus hijos.

Puedes ser la mujer virtuosa de Proverbios 31, conocida por su generosidad espléndida que manifiesta la naturaleza de Dios. Una mujer que siempre tiende la mano a los necesitados. ¡Me encanta su corazón!

¡La generosidad espléndida es lo que llena tu vida con gozo! Busca la manera de ser generosa. Hay pobres en todos los lados, y siempre resulta satisfactorio dar a aquellos que lo necesitan. Cuando lo haces, conectas con la naturaleza de Dios que mora en tu interior. Puedes manifestar una generosidad espléndida de muchas maneras: dinero, regalos, oraciones, servicio, perdón, amor y amistad, por nombrar algunas. Deja que la naturaleza espléndidamente generosa de Dios se reavive de nuevo en tu vida y encuentra a alguien sobre quien derramarla.

DECRETOS

DECRETO QUE:

1. Soy conocida por mi espléndida generosidad con los pobres, porque siempre tiendo la mano a los necesitados.
2. Soy próspera y bendecida porque soy amable con los pobres.
3. Soy generosa con los necesitados y confío en que el Señor me devolverá estas buenas obras; nunca me quedaré sin nada.
4. Como suplo las necesidades físicas de los demás y satisfago los deseos de los afligidos, mi luz brillará en las tinieblas. El Señor me pastorea siempre y da vigor a mis huesos.
5. El Señor me enriquece en todos los aspectos para poder ser generosa en cada ocasión, sabiendo que esta generosidad produce acción de gracias a Dios.
6. Soy bienaventurada porque pienso en los pobres. El Señor me guarda y me da vida, y seré bienaventurada en la tierra.
7. No solo amo de palabra ni de lengua, sino de hecho y en verdad, fijándome en lo que necesitan los demás y dando generosamente cuando es necesario.
8. Como Dios me ha proporcionado todas las cosas en abundancia, seré rica en buenas obras, dadivosa, generosa, atesorando para mí fundamento para lo por venir.
9. Cuando alimento al hambriento y visto, visito y cuido al necesitado, demuestro mi amor por Jesús.
10. Mis oraciones y limosnas a los pobres subirán para memoria delante de Dios.

Decretos basados en los siguientes pasajes de las Escrituras:
Proverbios 31:20; 14:21; 22:9; 19:17; 28:27; Isaías 58:7, 10-11;
2 Corintios 9:11; Salmo 41:1-3; 1 Juan 3:16-18; 1 Timoteo 6:17-19;
Mateo 25:35-40; Hechos 10:4.

ACTIVACIÓN

Busca a alguien que tenga necesidad. ¿De qué formas puedes manifestar una generosidad espléndida hacia esta persona? ¿Cómo puedes hacer que su día sea un poco mejor?

_____

_____

_____

_____

_____

_____

_____

_____

_____

_____

_____

_____

_____

BENDITA CON UN CORAZÓN QUE PERDONA

Él es quien perdona todas tus iniquidades,
el que sana todas tus dolencias.

SALMO 103:3

El perdón es una bendición precisa que recibimos de Dios y que, a su vez, podemos conceder a los demás. Dios nos ha perdonado una deuda que no podíamos pagar, y él pagó una deuda que no debía. Cuando se nos perdona tanto Dios espera que, a su vez, también perdonemos a otros. En Mateo 6:12, Jesús nos enseña a orar: «Y perdónanos nuestras deudas, como también nosotros perdonamos a nuestros deudores».

Me siento tremendamente agradecida por el perdón que Dios me concedió libremente cuando recibí a Cristo como mi Salvador, además de por todos sus demás actos de perdón constante hasta el día de hoy. Su perdón en mi vida me hace responder perdonando a todos los que me hacen daño.

En Mateo 18:21-35, Jesús comparte una enseñanza sobre el perdón. Pedro le había preguntado cuántas veces debían perdonar, sugiriendo hacerlo hasta siete veces. Pero Jesús le respondió que no solo siete, ¡sino hasta setenta veces siete!

Después le explicó la historia de un sirviente que no perdonó a los demás. Había un rey que tenía sirvientes que tomaban prestado dinero del tesoro real. El rey decidió hacer cuentas y pedir que se lo devolvieran todo. Uno de ellos le debía lo que sería el equivalente a mil millones de dólares. Convocó al sirviente y le dijo: «Págame lo que me debes». Por desgracia, el sirviente no tenía los medios para devolvérselo, así que el rey dijo a sus oficiales que capturaran al sirviente, a su mujer y a sus hijos para venderlos como esclavos, y vender también todas sus posesiones.

El siervo se postró a los pies de su señor y le suplicó clemencia. Le pidió que le diera más tiempo y prometió que le devolvería todo lo que debía. Tras oír sus súplicas, el rey tuvo compasión de su sirviente, lo liberó y perdonó toda su deuda.

Tan pronto como el sirviente salió de la presencia del rey, se encontró con otro de los sirvientes que le debía a él lo que equivaldría a unos veinte mil dólares hoy en día. Lo agarró por el cuello, ahogándolo, y exigiendo que le pagara. El otro le pidió más tiempo para devolverle la deuda, pero el sirviente al cual el rey había perdonado no mostró misericordia: lanzó al otro a prisión y exigió que permaneciera ahí hasta que hubiera saldado toda su deuda. Cuando el rey oyó esa noticia, se enfureció y ordenó que el sirviente que no supo perdonar fuera aprisionado y torturado hasta que pagara su propia deuda, equivalente a mil millones de dólares.

Jesús usó esta historia para compartir con nosotros la importancia del perdón. Dijo, en el versículo 35: «Así también mi Padre celestial hará con vosotros si no perdonáis de todo corazón cada uno a su hermano sus ofensas».

Hemos sido bendecidos con perdón para que podamos perdonar a otros.

«Por lo cual te digo que sus muchos pecados
le son perdonados, porque amó mucho;
mas aquel a quien se le perdona poco, poco ama».
Lucas 7:47

DECRETOS

DECRETO QUE:

1. Perdono a aquellos que me han ofendido y experimento el perdón completo que mi Padre me ofrece por mis pecados.
2. Perdono a aquellos que me han ofendido setenta veces siete.
3. Como perdono las deudas de los demás, puesto que las mías han sido perdonadas, soy libre de ataduras y opresores.
4. Amo a mis enemigos y oro por aquellos que me persiguen, porque soy hija de mi Padre celestial.
5. Me libero de toda amargura, enojo, ira, gritería y maledicencia, perdonando a los demás como Dios también me perdonó en Cristo.
6. No juzgo ni condeno a aquellos que me han ofendido, para no ser juzgada ni condenada por mi Padre. Perdono y soy perdonada.
7. No tengo en cuenta las ofensas sufridas, porque lo que busco por encima de todo es el amor.
8. Sigo el ejemplo de Jesús y le pido a mi Padre celestial que perdone a aquellos que han pecado en contra de mí.
9. No permito que brote en mí raíz de amargura en mi vida que provoque problemas y contamine a otros.
10. Perdono y actúo con amor hacia aquellos que pensaron mal contra mí, porque incluso aunque querían causarme daño, Dios siempre puede encaminarlo a bien.

Decretos basados en los siguientes pasajes de las Escrituras:
Mateo 6:14-15; 18:21-22, 32-35; 5:44-45; Efesios 4:31-32; Mateo 7:1-2;
1 Corintios 13:4-6; Lucas 23:23; Hebreos 12:15; Génesis 50:20-21.

ACTIVACIÓN

Tómate un momento para dar gracias al Señor por todos los pecados que te ha perdonado. Invita al Espíritu Santo a mostrarte cualquier área en tu vida en la que no estés perdonando a los demás y arrepiéntete.

_____

_____

_____

_____

_____

_____

_____

_____

_____

_____

_____

_____

_____

DÍA DIECINUEVE

BENDITA CON GLORIOSA PROVISIÓN

*Mi Dios, pues, suplirá todo lo que os falta conforme
a sus riquezas en gloria en Cristo Jesús.*

FILIPENSES 4:19

En la primavera de 2018 fui bendita con un extraordinario encuentro espiritual en la tesorería del cielo. Mientras estaba en profunda alabanza, fui llevada en espíritu a la entrada de una habitación en el cielo con una puerta doble abierta de par en par. Escuché cómo el Señor me invitaba a entrar. Pasé el umbral y allí me quedé, maravillada y sin palabras. Las paredes, el techo y el suelo de esa habitación estaban hechos de lo que parecía ser puro oro, y emanaban una vida y luz vibrantes. El oro era tan puro que podías ver a través de él. Parecía no tener fin, ya que no era capaz de ver dónde acababa. ¡La gloria llenaba cada rincón!

En el centro de la habitación había un cofre de madera carmesí con monedas de oro que centellaban con luz resplandeciente. No hay palabras para describir la gloria de todo ello, pero por muy gloriosa y preciosa que fuera esa visión, todo palideció en comparación con la Persona que estaba en esa habitación.

Detrás del cofre, a un lado, estaba el mismísimo Jesús. Todo él irradiaba autoridad y creaba una sensación de verdadero asombro en la atmosfera. Sus ojos eran de un color zafiro profundo, y su rostro resplandecía con un cálido brillo de amor que inundaba la habitación. Sollocé mientras lo contemplaba. No hay nada en la vida que se pueda comparar con él. ¡Él es el tesoro! Cuando lo has encontrado, realmente has encontrado un tesoro eterno.

Me sentí profundamente impactada, ya que este encuentro me llevó a ser mucho más consciente que antes de que Jesús es el centro de toda vida y de todo lo que está en los cielos y la tierra por toda la eternidad. Él es todo lo que necesitas. Cuando lo tienes, tienes acceso a todo lo que necesitas. Él es tu *provisión*. Él lo es *todo*. Todo en la vida fluye de él.

En Cristo hemos sido benditos con gloriosa provisión. Él es el tesoro que todo el mundo busca, y en él todas nuestras necesidades están cubiertas. Pablo comprendió esta verdad y escribió esto a la iglesia de Filipos: «Mi Dios, pues, suplirá todo lo que os falta conforme a sus riquezas en gloria en Cristo Jesús» (Filipenses 4:19).

Cuando tenemos una necesidad, a veces nos sentimos ansiosos y nuestra mente se centra en la provisión que necesitamos en vez de en Aquel que la provee. No hay necesidad de rogar ansiosamente a Dios por provisión, porque eso sería como pedirle algo que ya tenemos. Se nos enseña en las Escrituras que ya hemos sido bendecidos con toda bendición espiritual en los lugares celestiales, y que ya nos ha sido concedido todo lo que pertenece a la vida y a la espiritualidad. Dios suplirá nuestras necesidades si confiamos en él.

Tienes acceso a su gloriosa provisión cada día de tu vida. Contémplale. Cree en él. Recibe tu gloriosa provisión.

DECRETOS

DECRETO QUE:

1. Vendrán sobre mí todas las bendiciones del Señor y me alcanzarán.
2. El Señor es mi pastor, nada me faltará.
3. Busco al Señor y no tengo falta de ningún bien.
4. El Señor no me quita ningún bien porque ando en integridad.
5. Busco primero el reino de Dios y su justicia, y todo lo que necesito me es añadido.
6. El que no escatimó ni a su propio Hijo, sino que lo entregó por todos nosotros, también me dará todas las demás cosas.
7. Dios provee con abundancia, me da todo lo que necesito y mucho más para que lo comparta con los demás.
8. Mi Dios y Padre me ha bendecido con toda bendición espiritual en los lugares celestiales en Cristo.
9. Tengo acceso a toda buena dádiva y todo don perfecto que desciende de lo alto.
10. Mi Dios suple todo lo que me falta conforme a sus riquezas en gloria.

Decretos basados en los siguientes pasajes de las Escrituras: Deuteronomio 28:6; Salmo 23:1; 34:10; 84:11; Mateo 6:31; Romanos 8:32; 2 Corintios 9:8; Efesios 1:3; Santiago 1:17; Filipenses 4:19.

ACTIVACIÓN

Alaba a Jesús hoy como Aquel que es tu tesoro. Alábale por su glorioso resplandor y eterno poder. Exáltale como tu Proveedor.

_____

_____

_____

_____

_____

_____

_____

_____

_____

_____

_____

_____

BENDITA COMO INTERCESORA

Ella pone su corazón en una nación y la hace suya,
llevándola dentro de sí.
Trabaja allí para plantar las vides vivientes.

PROVERBIOS 31:16

Hay momentos en los que los creyentes claman desesperadamente pidiéndole a Dios que «se muestre», pero lo que muchos no comprenden es que él en realidad está esperando a que su gente «se muestre». La tierra nos ha sido dada para que la administremos. Desde Génesis 1:28, vemos cómo Dios concede a los humanos el dominio de la tierra. Vemos más pruebas de ello en el Salmo 115:16: «Los cielos son los cielos de Jehová; y ha dado la tierra a los hijos de los hombres».

Jesús explicó en Mateo 16:18-19: «Y yo también te digo, que tú eres Pedro, y sobre esta roca edificaré mi iglesia; y las puertas del Hades no prevalecerán contra ella. Y a ti te daré las llaves del reino de los cielos; y todo lo que atares en la tierra será atado en los cielos; y todo lo que desatares en la tierra será desatado en los cielos».

Dios quiere que aceptemos el deseo que tiene para el mundo y que adoptemos nuestro lugar como autoridades legislativas. Interceder significa «estar en la brecha». Representamos las necesidades de la tierra ante el Padre, y representamos la voluntad y el propósito del Padre a aquellos que están en la tierra. Tenemos poder a través de Cristo en la ejecución de su voluntad desde los cielos, estableciendo su voluntad en la tierra.

Está llegando a la iglesia un nuevo movimiento de intercesión. Oraciones profundas y fervientes de fe que dan luz a una gran cosecha de almas. El poder del Señor barrerá naciones enteras y grupos de personas. Nuestros seres queridos que no han sido salvos vendrán al reino por la intercesión que hacemos por ellos. Incluso algunos de los peores pecadores se arrepentirán y serán salvos por la intercesión que hacemos por ellos. Los pecadores no pueden orar por sí mismos: necesitan a alguien que esté en la brecha, rogando y clamando por ellos día y noche. No hay nada demasiado difícil para el Señor, y no hay nadie a quien la sangre de Cristo no pueda limpiar.

Dios responde a la fe, no a la necesidad. Si respondiera a la necesidad, entonces las naciones más pobres y corruptas del mundo estarían llenas y rebosantes de su gloria. La necesidad no es la moneda del cielo, sino la fe. Las personas de fe pueden cambiar el mundo. Los verdaderos creyentes que están en la brecha invocarán la voluntad del cielo para que se manifieste en la tierra.

Eres bendita, mujer de Dios, con un manto de oración e intercesión. Recibe la bendición y ora. Dios responderá.

DECRETOS

DECRETO QUE:

1. He puesto mi corazón sobre esta nación y la haré mía, llevándola dentro de mí. Trabajo para ver cómo se convierte en una nación que honra a Dios y que da fruto con abundancia.

2. Clamo a Dios por las naciones y me baso en su promesa de que, si se lo pedimos, él nos dará por herencia las naciones y como posesión los confines de la tierra.

3. Cuando intercedo por las personas y por las naciones estoy en la brecha por ellos, de modo que Dios actúe a su favor y los salve de la destrucción y de cualquier daño.

4. Dios me ha dado las llaves del reino de los cielos, y todo lo que ato en la tierra será atado en los cielos, y todo lo que desate en la tierra será desatado en los cielos.

5. Si me pongo de acuerdo con otros para orar, me baso en la promesa de Jesús de que, si dos de nosotros nos ponemos de acuerdo en la tierra acerca de cualquier cosa que pidamos, nos será hecho por nuestro Padre que está en los cielos.

6. Cuando invoco una manifestación mayor del Espíritu Santo no solo en mi propia vida, sino también en la iglesia y en las naciones, decreto que, si pido, recibo; si busco, hallo; si llamo, se abren las puertas.

7. Cuando intercedo por otros, oro creyendo que todo lo que le pido al Padre en nombre de Jesús, él lo concederá para que mi alegría no tenga límites.

8. Oro, como oró Jesús: «Venga tu reino. Hágase tu voluntad, como en el cielo, así también en la tierra» (Lucas 11:2), sabiendo que esto está en la voluntad perfecta de Dios.

9. Pido por la paz de Jerusalén y de todos los descendientes de Abraham, para que los propósitos de Dios para ellos se cumplan por completo, para que el velo sea quitado y para que toda rodilla se doble y toda lengua confiese que Jesucristo es su Salvador, Señor y Rey.

10. Intercedo con diligencia, haciendo peticiones y acciones de gracias por todos aquellos que están en autoridad, para que nos permitan vivir quieta y reposadamente en toda piedad y honestidad, sabiendo que esto es bueno y agradable delante de Dios nuestro Salvador.

Decretos basados en los siguientes pasajes de las Escrituras:
Proverbios 31:16; Salmo 2:8; Ezequiel 22:30; Salmo 106:3;
Mateo 16:19; 18:19; Lucas 11:10, 13; Juan 16:23-24; Mateo 6:10;
Salmo 122:6; 2 Corintios 3:16; Filipenses 2:10-11; 1 Timoteo 2:1-3.

ACTIVACIÓN

Haz una lista de personas a las que conozcas personalmente que todavía no hayan conocido al Señor. Ora en fe para que el Señor las visite con convicción, verdad y revelación divina.

_____

_____

_____

_____

_____

_____

_____

_____

_____

_____

_____

_____

_____

DÍA VEINTIUNO

BENDITA CON RECTITUD

De continuo ella procura poseer lo que es puro y justo.

PROVERBIOS 31:13

En un mundo cuya moral siempre es a medias y en la que los medios de comunicación invitan a las masas a actuar y pensar de formas corruptas y engañosas, resulta refrescante encontrar a personas que irradian justicia y pureza moral. A las mujeres, en concreto, se les ha dado una oportunidad muy poderosa en este momento para resistirse a los estándares del mundo y subir el listón.

Una amiga mía es modelo profesional en la industria del espectáculo. Al principio, cuando Dios la llamó, ella sabía que estaba entrando en un sector de valores y morales corruptos, pero decidió permanecer pura. Su primer agente, al entrevistarla, se fijó en que ella, en su perfil, explicaba que no iba a ser modelo de trajes de baño ni lencería. El agente se asustó y le explicó que perdería muchísimo dinero si no se abría a modelar este tipo de productos. Ella le respondió que no lo estaba haciendo por dinero.

Sorprendido por su respuesta, el agente le preguntó que por qué lo hacía.

—Para ser una influencia —repuso ella.

El hombre le hizo más preguntas sobre esta afirmación y quedó intrigado por la conversación cuando ella le explicó su pasión por subir el listón moral e influir en su generación. Terminó la entrevista firmando el contrato para convertirse en su agente y le dijo que, aunque admiraba sus valores, seguramente se perdería muchas oportunidades y éxitos en ese sector como resultado.

Pero sucedió justo lo contrario. Se le abrieron muchas oportunidades favorables. Dios la usó para ser una luz en un lugar oscuro al compartir ánimos, oraciones e incluso profecía inspirados por el Señor con maquilladores, modelos, fotógrafos y otros que estaban en el set.

Siguieron abriéndosele puertas hasta que acabó apareciendo en algunas de las mejores revistas de moda del sector. Un día se le acercó un agente de alto nivel que había hecho famosas a muchas modelos. Tenía muchas ganas de convertirse en su agente, pero quería que ella cediera algo en sus estándares, ya que le parecía que era necesario para que ella tuviera éxito. Ella se negó en redondo y, por descontado, el agente se quedó estupefacto al ver que no estaba dispuesta a seguir su consejo profesional. Ella decidió pronunciarse en favor de la rectitud y no permitió que los estándares del mundo dictaran su valor, y el Señor siguió abriéndole puertas en esa industria y la levantó para que brillara en medio de una moral corrompida.

El mundo necesita ver ejemplos de mujeres de virtud recta hoy en día. El valor de la mujer se ha rebajado mucho, pero Dios está subiendo el listón. Proverbios 31:30-31 lo resume maravillosamente: «El encanto puede ser engañoso, y la belleza es vana y se desvanece enseguida, pero esta mujer virtuosa vive en el asombro, el sobrecogimiento y el temor del Señor. Será alabada por toda la eternidad. Así que, vamos, dale el crédito que se merece, porque se ha convertido en una mujer radiante, ¡y todas sus amorosas obras de justicia son dignas de admiración en las puertas!».

DECRETOS

DECRETO QUE:

1. Soy bendita porque no ando en el consejo de malos, ni estoy en camino de pecadores, sino que mi delicia es seguir la Palabra de Dios.

2. El Señor me guía por sendas de justicia por amor de su nombre.

3. Por encima de todo, soy una mujer que teme al Señor. Recibiré el crédito que me merezco y mis obras serán dignas de admiración.

4. Como tengo hambre y sed de justicia, soy bendita y saciada.

5. Dios hizo que Jesús, que no había conocido pecado, se hiciera pecado por mí, para que yo fuera hecha justicia de Dios en él.

6. Huyo del amor al dinero y de sus tentaciones y busco la justicia, la piedad, la fe, el amor, la paciencia y la mansedumbre.

7. Incluso cuando sufro por causa de la justicia, soy bienaventurada. No me amedrento ni me inquieto.

8. Por la gracia de Dios, que me ha traído salvación, soy capaz de renunciar a toda la impiedad y deseos mundanos, y vivir de forma sobria, justa y piadosa.

9. Como persona que ha sido resucitada, ofrezco cada parte de mí a Dios como instrumento de justicia.

10. Camino por el Espíritu de Dios y no hago las obras de la carne; más bien soy controlada por el fruto del Espíritu en mí: amor, gozo, paz, paciencia, benignidad, bondad, fe, mansedumbre y templanza.

Decretos basados en los siguientes pasajes de las Escrituras:
Salmo 1:1-2, 6; 112:6; Proverbios 31:31; Mateo 5:6; 2 Corintios 5:21;
1 Timoteo 6:10-11; 1 Pedro 3:14; Tito 2:11-12; Romanos 6:13;
Gálatas 5:18, 22.

ACTIVACIÓN

Eres llamada a irradiar y manifestar virtud recta. ¿Hay algunas áreas en tu vida en las que estás cediendo terreno? Invita al Espíritu Santo a que, amorosamente, te dé convicción de pecado en ese aspecto. Después, arrepiéntete (cambia tu forma de pensar sobre esa área y recházala) y recibe perdón y limpieza, y recibe por fe su manto de justicia.

_____

_____

_____

_____

_____

_____

_____

_____

_____

_____

_____

BENDITA CON RIQUEZA Y PODER

Está llena de riqueza y sabiduría.
El precio dado por su dote fue mayor que el de muchas joyas.
PROVERBIOS 31:10

Lidia era una mujer de negocios rica y temerosa de Dios en la iglesia primitiva. Vendía telas de color púrpura que solo podían permitirse las personas muy ricas (Hechos 16:14). Hoy en día hay muchas oportunidades para las mujeres, ya que Dios está bendiciendo a las líderes empresariales y a las emprendedoras. A muchas les ha sido confiado un gran poder.

Todos los que creen en Cristo pueden acceder a cuatro estados de crecimiento y aumento. Estos están en Génesis 26:12-13, que dicen: «Y sembró Isaac en aquella tierra, y cosechó aquel año ciento por uno; y le bendijo Jehová. El varón se enriqueció, y fue prosperado, y se engrandeció hasta hacerse muy poderoso».

1. Aumento de la semilla que siembras en el reino

Cuando plantas una semilla financiera en buen terreno, vuelve a ti multiplicada, del mismo modo que pasa cuando plantas una semilla natural en una tierra fértil.

2. Bendición

Isaac no solo cosechó cien veces más de lo que había plantado en el mismo año, sino que las Escrituras dicen que «le bendijo Jehová». Ser bendita significa recibir el poder para prosperar y tener éxito.

3. Riqueza

Isaac no solo recibió más semillas y fue bendecido, sino que también se hizo rico. Puedes ser bendecida en un área, pero no necesariamente ser rica. Por ejemplo, si yo te diera mil dólares, puede que dijeras algo como: «Hoy he recibido una bendición de mil dólares». Aun así, esos mil dólares no te hacen rica. Cuando eres rica, vives en un estado en el que todas tus necesidades están suplidas y tienes de sobra. Ser rica se define por tu abundancia personal. Isaac se enriqueció y se engrandeció.

4. Poder

El poder es la influencia que se produce con la inversión de tus recursos. El poder influye en el mundo en el que vives. Puedes tener abundancia personal (riquezas) pero no llegar a ser poderosa. Cuando eres poderosa, el mundo a tu alrededor se ve afectado por ti.

Dios honra a sus mujeres con una promesa de crecimiento, bendición, riquezas y poder. Aquí tienes una palabra profética que recibí sobre esto:

> Muchas mujeres recibirán un gran poder en esta hora, y yo les daré la capacidad de lograr poder y riqueza que administrarán bien para mí. No amarán al mundo ni las cosas del mundo, porque el amor del Padre está en ellas. Crecerán y se les aumentará toda cosa buena. Ha llegado un momento de crecimiento y aceleración de su nivel de riqueza y poder que influirá al mundo para mi gloria.

Si eres testigo de esta palabra, ¡recíbela! Es tuya.

DECRETOS

DECRETO QUE:

1. Dios me ha dado el poder de crear riqueza y poder, cosa que confirma su pacto.
2. El Señor me hará sobreabundar en bienes en todo lo que produzco.
3. El Señor abrirá para mí su buen tesoro para bendecir toda obra de mis manos.
4. No envidio la riqueza de los malvados, porque su fuerza será quebrantada, pero el Señor sostiene a los justos.
5. Glorifico a Dios con todas mis riquezas, honrándolo con lo mejor que tengo, para experimentar bendiciones.
6. Confío en el Señor y él es mi confianza; soy como un árbol plantado junto a las aguas que echa las raíces al lado de la corriente y que, incluso en la sequía, no deja de dar fruto.
7. Doy y recibo de vuelta con generosidad: cantidades buenas, apretadas para que quepan más, remecidas y rebosando en mi regazo.
8. Doy con generosidad y eso me trae prosperidad; vivo para bendecir a los demás, así que veo cómo se amontonan las bendiciones sobre mí.
9. El verdadero enriquecimiento proviene de la bendición del Señor, con descanso y contentamiento.
10. El Señor aumenta mi riqueza y poder constantemente para poder ser generosa en cada ocasión, sabiendo que esta generosidad produce acción de gracias a Dios.

Decretos basados en los siguientes pasajes de las Escrituras:
Deuteronomio 8:18; 28:11-12; Salmo 37:17; Proverbios 3:9-10;
Jeremías 17:7-8; Lucas 6:38; Proverbios 11:24-25; 10:22; 2 Corintios 9:11.

ACTIVACIÓN

Medita en Génesis 26:12-13. La riqueza y el poder de Isaac empezaron con una semilla. En la siguiente temporada, ¿qué semillas puedes plantar intencionadamente con el objetivo de construir un reino de poder y riqueza en tu vida que pueda bendecir al mundo en el que vives con el conocimiento de Dios?

_____

_____

_____

_____

_____

_____

_____

_____

_____

_____

_____

_____

_____

_____

DÍA VEINTITRÉS

BENDITA
PARA VENCER

Antes, en todas estas cosas somos más que vencedores
por medio de aquel que nos amó.

ROMANOS 8:37

La vida está llena de desafíos. A menudo hay circunstancias adversas y presiones que atacan nuestras vidas, ¡pero la buena noticia sobre nuestro pacto en Cristo es que ganamos en todas las circunstancias! Eres una vencedora y has sido bendita por Dios para superar cualquier situación a la que te enfrentes.

Romanos 8:37 declara que eres *más* que una vencedora. En la siguiente historia que te voy a contar esta verdad se verá bien ilustrada.

Había un importante combate de lucha en el que el premio para el vencedor era de un millón de dólares. Los combatientes lo dieron todo en el *ring* y, finalmente, uno fue vencido por el otro. El árbitro levantó el brazo del campeón y los espectadores gritaron con emoción ante la victoria. Las cámaras de televisión y los periodistas estaban preparados para el gran momento, siguiendo a los presentadores que entraban en el *ring* con un enorme cheque de casi un metro de alto y más de dos de ancho por valor de un millón de dólares. La multitud estalló en aplausos y vítores. Era el vencedor y el premio le pertenecía... hasta que se fue a casa y se lo entregó a su mujer. Él era el vencedor, pero ahora ella era más que un vencedor.

Jesús ya ha ganado la batalla por nosotros. Él ha vencido en toda situación adversa y a cada enemigo agresivo o circunstancia devastadora a los que puedas tener que enfrentarte. La batalla ya ha sido ganada, y él te ha entregado todas las ventajas de su victoria. ¡Eres *más* que vencedora!

Aquí tienes otra palabra de ánimo, esta vez de 2 Corintios 2:14: «Mas a Dios gracias, el cual nos lleva siempre en triunfo en Cristo Jesús, y por medio de nosotros manifiesta en todo lugar el olor de su conocimiento».

Permíteme compartir contigo tres poderosos atributos que se hallan en los vencedores:

1. Los vencedores jamás se rinden

Hay un dicho en Estados Unidos que dice «Los que ganan jamás se rinden, y los que se rinden jamás ganan», así que permanece firme durante la batalla y sueña con tu gloriosa victoria.

2. Los vencedores se centran en la victoria

Si permites que tu atención se centre en la batalla, puede que pierdas la perspectiva y que tu fe encuentre trabas. Céntrate en la victoria que Cristo ha preparado para ti.

3. Los vencedores están llenos de gozo

Jamás vas a ver a un campeón negativo, pesimista, quejumbroso y gruñón. Los campeones están llenos de gozo y emoción porque son ganadores. Cuando pones la mira más allá de la situación adversa para enfocarte en la victoria que te espera después, el gozo te invade. Y, en el proceso, es importante escoger el gozo, tanto si lo sientes como si no.

Sea lo que sea a lo que te enfrentas ahora, ganarás. Permanece fuerte y no dejes que la incredulidad te haga vacilar. ¡Dios está contigo, y él te ha hecho más que vencedora!

DECRETOS

DECRETO QUE:

1. Soy fuerte y valiente, y siempre intento hacer las cosas según la Palabra de Dios y sus instrucciones, con la confianza total de que todo me saldrá bien.

2. Ningún arma forjada contra mí prosperará. Esta es mi herencia como sierva del Señor.

3. El Señor me ha dado potestad para pisar serpientes y escorpiones y sobre toda fuerza del enemigo, y nada me dañará.

4. Dios me ha hecho más que vencedora y en todas las cosas triunfaré con poder a través de mi Señor, quien me ama.

5. Ninguna tentación me sobrevendrá porque Dios es fiel y no me dejará ser tentada más allá de lo que puedo resistir, sino que dará también juntamente con la tentación la salida para poderla soportar.

6. Dios siempre me lleva en triunfo en Cristo Jesús.

7. Las armas de mi milicia son poderosas en Dios para la destrucción de fortalezas, derribando argumentos y toda altivez que se levanta contra el conocimiento de Dios.

8. Tengo toda la armadura de Dios para poder resistir en el día malo y, cuando lo haya acabado todo, estar firme.

9. Soy vencedora porque mayor es Dios, que está en mí, que el que está en el mundo.

10. Como he nacido de Dios, he vencido al mundo.

Decretos basados en los siguientes pasajes de las Escrituras:
Josué 1:8-9; Isaías 54:17; Lucas 10:19; Romanos 8:37-38; 10:13;
2 Corintios 2:14; 10:4-6; Efesios 6:13; 1 Juan 4:4; 5:4.

ACTIVACIÓN

¿A qué desafío difícil (o quizá incluso aparentemente imposible) te estás enfrentando esta temporada? Céntrate en decretar todo lo anterior al encarar este desafío durante los siguientes días, hasta que tengas en tu interior el convencimiento de que la victoria es segura.

_____

_____

_____

_____

_____

_____

_____

_____

_____

_____

_____

_____

_____

DÍA VEINTICUATRO

BENDITA CON GOZO

Me mostrarás la senda de la vida;
en tu presencia hay plenitud de gozo;
delicias a tu diestra para siempre.

SALMO 16:11

El gozo es realmente una bendición de Dios que ofrece fuerza, vitalidad y una sensación de bienestar; aun así, la vida puede estar llena de monotonías que nos roban este gozo y crean una mentalidad negativa y deprimida. Cuando pierdes el gozo, pierdes fuerza e incluso calidad de vida. Como mujer, necesitas el gozo y todos los beneficios que ofrece.

La medicina ha demostrado que el gozo y la risa pueden traer sanación al cuerpo. A menudo se trata a pacientes con enfermedades terminales a través de la risoterapia y, como resultado, algunos han acabado recuperándose de su condición: todo esto está demostrado y registrado médicamente. La Biblia incluso enseña que un corazón alegre y contento es como medicina (Proverbios 17:22).

En el cielo, el gozo impregna el ambiente porque en la presencia del Señor hay plenitud de gozo. El gozo también es un fruto del Espíritu Santo (Gálatas 5:22). Si estás en la presencia del Señor y el Espíritu vive en ti, puedes acceder al gozo divino.

Una mujer a la que llamaremos Margarita estaba pasando por una temporada extremadamente difícil en su vida. Su esposo se fue con otra mujer y la abandonó con sus tres hijos. Margarita había sido siempre un ama de casa diligente y una madre entregada, y no tenía ninguna formación ni experiencia laboral. Su esposo, sin que ella lo supiera, no había estado pagando la hipoteca, y abandonó su trabajo para irse a otro lugar del país. Estaba devastada. De un día a otro su matrimonio, su casa y su estabilidad financiera se habían evaporado. Como resultado de este trauma se sumió en una profunda depresión. Intentó hacer todo lo posible por ser el respaldo que sus hijos necesitaban, pero estaba abrumada.

Un día estaba arrodillada ante Dios, sollozando desesperada, cuando sintió que el Señor la tocaba en la espalda, entre los hombros. De inmediato la inundaron un gozo y una alegría sobrenaturales. Era como si hubiera estado bebiendo algún tipo de «zumo de gozo», ya que todo su ser rebosaba una sensación de euforia. En la presencia de este gozo santo, toda su desesperación la abandonó y llegó la esperanza. En medio de esta visita para entregarle gozo, Dios también le dio una sabiduría, entendimiento y perspectiva que la hicieron adoptar una mentalidad positiva y optimista.

Ese día se produjo un milagro en la presencia del Señor. Sus circunstancias no cambiaron, pero le fue concedida una nueva vida. Recibió la fuerza para seguir avanzando y enfrentarse a todas las transiciones que tenía por delante.

La esperanza es sanadora para el corazón y el alma, y es posible elegir el gozo incluso aunque no lo sientas. En una ocasión me enfrenté a una situación de conflicto que podría haberme llevado a sentirme desanimada y triste, pero el Señor me dijo: «Ríete». Elegí reírme. Mi risa me sonaba ridícula de lo forzada que era, pero funcionó. El Salmo 2:4 dice que Dios se sienta en los cielos y se ríe ante las estratagemas del enemigo. En cuestión de instantes me sentí sobrenaturalmente animada.

El gozo de Dios puede darte las fuerzas y el apoyo que necesitas para superar cualquier situación. De hecho, está a tu alcance cada vez que se lo pides y lo recibes en fe. La próxima vez que necesites fuerzas y ánimos, ¡bebe un poco de «zumo de gozo» en la presencia de Dios!

[Ella] se ríe alegre al pensar en los días finales.

PROVERBIOS 31:25

DECRETOS

DECRETO QUE:

1. El gozo del Señor es mi fortaleza.
2. Sirvo al Señor con alegría y con gozo de corazón, por la abundancia de todas las cosas.
3. Levanto la cabeza sobre mis enemigos con alabanza y júbilo.
4. Mi corazón y mi carne cantan con gozo al Dios vivo.
5. Aunque no veo a Dios ahora, creo en él y me alegro con gozo inefable y glorioso.
6. En su presencia hay plenitud de gozo, y delicias a su diestra para siempre.
7. El Espíritu Santo produce el fruto de su gozo en mí.
8. Estoy llena de justicia, paz y gozo en el Espíritu Santo.
9. Mi tristeza se convertirá en alegría.
10. Mi corazón gozoso es como una medicina que me sana.

Decretos basados en los siguientes pasajes de las Escrituras:
Nehemías 8:10; Deuteronomio 28:47; Salmo 27:6; 84:2; 1 Pedro 1:8;
Salmo 16:11; Gálatas 5:22; Romanos 14:17; Juan 16:20;
Proverbios 17:22.

ACTIVACIÓN

Haz una lista de al menos cinco cosas que llenen tu corazón de gozo. Medita en ellas y da las gracias al Señor por ellas.

_____

_____

_____

_____

_____

_____

_____

_____

_____

_____

_____

_____

_____

_____

BENDITA
CON BONDAD

¡Cuán grande es tu bondad,
que has guardado para los que te temen,
que has mostrado a los que esperan en ti,
delante de los hijos de los hombres!

SALMO 31:19

Es fácil cuestionar la bondad de Dios cuando estás caminando por «el valle de sombra de muerte». David sabía los desafíos a los que se enfrentaba y, aun así, se reafirmó en su creencia de la bondad de Dios. Quizá puedes identificarte con la situación que a menudo vivía David:

Aunque ande en valle de sombra de muerte,

no temeré mal alguno, porque tú estarás conmigo;

tu vara y tu cayado me infundirán aliento.

Aderezas mesa delante de mí en presencia de mis angustiadores;

unges mi cabeza con aceite; mi copa está rebosando.

Ciertamente el bien y la misericordia me
seguirán todos los días de mi vida,

y en la casa de Jehová moraré por largos días.

(Salmo 23:4-6)

Daniela recibió una promesa profética de Dios sobre la sanación de su fibromialgia, que sufría desde hacía cinco años. Decidió afirmarse en esta promesa profética y quedó completamente convencida, a través de su estudio de la Palabra, de que Dios era un Dios de sanación y de que Jesús jamás se negó a sanar a las personas que acudían a él en fe. Estaba decidida a conservar esta fe, pero sus síntomas diarios seguían acosándola. El enemigo la tentaba día tras día con pensamientos de que tenía que rendirse y olvidar la Palabra de Dios, de que quizá su fe no era más que un montón de patrañas.

Un día que estaba sufriendo mucho por sus síntomas y se sentía muy desmotivada para «pelear la buena batalla de la fe» (1 Timoteo 6:12), un amigo habló con ella y le sugirió que elevara su voz en alabanza, proclamando la bondad de Dios. Lo repitió una y otra vez: «Dios, eres bueno. Dios, eres bueno».

Su alabanza de la bondad de Dios no duró unos pocos minutos sino que, durante más de una hora, Daniela siguió decretando la bondad de Dios en su alabanza. De repente se vio llena de esperanza, fuerza, renovación y determinación. Pasara lo que pasara, iba a creer en la bondad de Dios en su vida, incluso aunque estuviera pasando por esta mala temporada, esperando a que su sanación se manifestara. Cada vez que se sentía desanimada, alababa a Dios por su bondad y experimentaba de nuevo la renovación en su alma.

Un año más tarde acudió a una reunión en la que el evangelista estaba ministrando unción sanadora. ¡Y sí, lo has adivinado! Fue sanada milagrosamente. Su creencia y confesión de la bondad de Dios abrieron el reino para darle la sanación. Ella siguió centrada en la bondad de Dios igual que lo había hecho David, y Dios le concedió este tremendo cambio.

Dios es bueno en todo momento y hace que todo ayude a bien para los que lo aman. En cualquier situación de la vida hay una oportunidad para conocer la bondad de Dios. Deléitate en él y cree que su bondad se manifestará.

DECRETOS

DECRETO QUE:

1. El bien y la misericordia de Dios me seguirán todos los días de mi vida.

2. ¡Gusto y veo que el Señor es bueno! Soy bienaventurada porque me refugio en él.

3. Soy bienaventurada porque habito en sus atrios. Seré saciada del bien de su casa.

4. Jamás tendré motivos para desmayar, porque creo que veré la bondad del Señor.

5. El Señor Dios es sol y escudo; el Señor da gracia y gloria. No me quitará el bien.

6. Doy constantemente gracias al Señor porque él es bueno y porque para siempre es su misericordia.

7. Alabo al Señor porque él es bueno, canto salmos a su nombre porque él es benigno.

8. Dios hace que todas las cosas me ayuden a bien en mi vida porque él me ama y porque he sido llamada conforme a su propósito.

9. Dios, en su bondad y divino poder, nos ha concedido todas las cosas que pertenecen a la vida y a la piedad.

10. Toda buena dádiva y todo don perfecto desciende de lo alto.

Decretos basados en los siguientes pasajes de las Escrituras:
Salmo 23:6; 34:8; 65:4; 27:13; 84:11; 107:1; 135:3; Romanos 8:28;
Santiago 1:17.

ACTIVACIÓN

Ha llegado el momento de ver todas las bendiciones de las que disfrutas. ¿Por qué cosas de tu vida estás más agradecida? Tómate un momento hoy para regocijarte en el Señor y alabarle por su bondad.

_____

_____

_____

_____

_____

_____

_____

_____

_____

_____

_____

_____

_____

_____

_____

_____

DÍA VEINTISÉIS

BENDITA CON ESPERANZA

Bienaventurado aquel cuyo ayudador es el Dios de Jacob,
cuya esperanza está en Jehová su Dios.
SALMO 146:5

Mi padre fue una gran influencia en mi vida, y uno de sus muchos atributos admirables fue que siempre estaba lleno de esperanza. Constantemente me decía que me fijara en el lado bueno de las cosas: era un hombre positivo que jamás perdía la esperanza, por muy difícil que fuera el problema al que se enfrentaba. Siempre esperaba que todo tuviera grandes resultados y, de hecho, se negaba a conformarse con menos. Siempre decidía aferrarse a la esperanza.

La esperanza es una expectativa gozosa de un buen resultado, y es un catalizador para lograr grandes cosas en tu vida. Es la pista de despegue para que tus sueños se cumplan. Es importante cultivar la esperanza cuando te enfrentas con la decisión de desanimarte o cobrar ánimos siempre que te enfrentas a situaciones complicadas.

El mundo en el que vivimos está lleno de desesperación, pero tenemos que levantarnos como embajadores de la esperanza de Dios. Si estás llena de esperanza, puedes ayudar a los demás en sus peores momentos.

Un pasaje de las Escrituras que me encanta y que habla del poder de la esperanza está en Job 14:7-9: «Porque si el árbol fuere cortado, aún queda de él esperanza; retoñará aún, y sus renuevos no faltarán. Si se envejeciere en la tierra su raíz, y su tronco fuere muerto en el polvo, al percibir el agua reverdecerá, y hará copa como planta nueva».

He encontrado una ilustración de esto en una situación que me pasó: había puesto una planta en el garaje, ya que había pensado pasarla a una maceta más grande, pero la dejé en un estante y me olvidé de ella. Meses más tarde la encontré. Estaba marchita y muerta. Iba a tirarla a la basura pero sentí que debía intentar resucitarla. La volví a meter en casa, la dejé en un lugar con luz y la rocié generosamente con agua, y me aseguré de que siguiera hidratada. En unos cuantos días empezó a reavivarse y empezaron a aparecer nuevos brotes del suelo. En más o menos el mes siguiente acabó recuperando su vida y belleza.

A veces puede que sientas que tu vida se parece a esa planta reseca. De forma natural, puede parecer que ya está acabada, pero probablemente solo necesitas un poco de alimento, un poco de esperanza.

Cuando el sueño de la esperanza parece retrasarse más y más,
la demora puede ser deprimente.
Pero, cuando por fin tu sueño se haga realidad,
la dulzura de la vida satisfará tu alma.
Proverbios 13:12

¡Deseo que siempre estés llena de su gloriosa esperanza!

DECRETOS

DECRETO QUE:

1. Confío en los planes y pensamientos de Dios para mí, sabiendo que tengo el fin que espero, lleno de esperanza.

2. Soy bendecida porque espero en el Señor.

3. Como he buscado la sabiduría, mi futuro es brillante y mi esperanza viva nunca me decepcionará.

4. El Señor es mi porción, por tanto, en él tengo esperanza.

5. No desmayo, sabiendo que mi ser interior se renueva cada día incluso en medio de la tribulación.

6. He sido renacida para una esperanza viva, por la resurrección de Jesucristo de los muertos.

7. Me glorío en la esperanza de la gloria de Dios, sabiendo que el sufrimiento produce paciencia, y la paciencia produce prueba, y la prueba, esperanza, y la esperanza no avergüenza.

8. Dios es por nosotros y por mí, así que ¿quién contra mí? Nada me puede separar del amor de Dios.

9. El Dios de esperanza me llena de todo gozo y paz en el creer, para que abunde en esperanza por el poder del Espíritu Santo.

10. Creo, como Abraham, en esperanza contra esperanza, incluso cuando la promesa de Dios todavía no se ha manifestado.

Decretos basados en los siguientes pasajes de las Escrituras:
Jeremías 29:11; Salmo 42:5; 146:5; Proverbios 24:14;
Lamentaciones 3:24; 2 Corintios 4:16-18; 1 Pedro 1:3; Romanos 5:2-5;
8:31, 39; 15:13; 4:18.

ACTIVACIÓN

¿Conoces a alguien que necesite esperanza? ¿A quién? Ora para pedir que reciba ánimos que reaviven su esperanza. Conviértete en embajadora de la esperanza de Dios.

_____

_____

_____

_____

_____

_____

_____

_____

_____

_____

_____

_____

BENDITA CON PERSPECTIVA CELESTIAL

Poned la mira en las cosas de arriba,
no en las de la tierra.

COLOSENSES 3:2

Probablemente alguna vez te habrán dicho algo así como: «Deja de tener siempre la cabeza pensando en los cielos o te quedarás sin nada aquí en la tierra». ¡Nada más alejado de la verdad! Dios quiere que vivamos desde una perspectiva celestial, igual que Jesús. En Juan 5:19, Jesús dijo: «Verdad eterna les hablo. El Hijo no puede hacer nada por sí mismo ni por iniciativa propia. Yo solo hago las obras que veo hacer al Padre, porque el Hijo hace las mismas obras que su Padre».

Jesús hizo todo lo que hizo en esta tierra con una perspectiva celestial. Incluso nos enseñó a orar pidiéndole que su reino venga y que su voluntad se haga tanto en la tierra como en los cielos (Mateo 6:10). En cuanto has nacido de nuevo, ya no eres un ser terrenal que intenta entrar a los cielos; eres un ser celestial viviendo en la tierra.

A través de Cristo tienes acceso a la dimensión sobrenatural: el reino de los milagros. El apóstol Pablo nos avisa de que, en los últimos días, habrá personas que tendrán apariencia de piedad pero que negarán la eficacia de ella, y nos dice que debemos evitar a tales personas (2 Timoteo 3:5). Es una orden muy severa, pero Dios quiere que los suyos sean personas divinas en naturaleza, viviendo con una perspectiva celestial.

En mi primer encuentro en el tercer cielo oí lo que parecían ser millones de voces riendo en los cielos. Aquella temporada de mi vida había estado sumida en una intercesión profunda. De hecho, esta intercesión era tan intensa que había convocado a mi equipo entero a tres ayunos de cuarenta días en un mismo año antes de esta visita. Estábamos intentando romper el poder del pecado y la corrupción en el mundo, pero cuanto más orábamos, peor parecían ir las cosas. Era muy frustrante, así que cuando fui llevada al cielo y oí risas, me ofendió un poco. No podía entender por qué todo el mundo parecía estar celebrando una fiesta, llenos de gozo, cuando nosotros estábamos sufriendo tanto en la tierra.

El Señor vio esto y me dijo:

—No hay miedo, ansiedad ni estrés en el cielo. Estamos en una dimensión eterna, viviendo en la plenitud de la victoria. Si tú vieras lo que vemos nosotros, no estarías ansiosa, temerosa o frustrada, sino que tendrías la seguridad de que la justicia y la paz se establecerán en la tierra.

Después me enseñó, a través de esa experiencia, que no son mis esfuerzos y luchas humanos los que me dan resultados, sino mi fe en lo que Cristo había conseguido.

Ese encuentro cambió mi vida y cambió completamente mi forma de trabajar. Empecé a enseñar sobre intercesión del tercer cielo (es decir, a orar desde una perspectiva del tercer cielo) y muchas personas del cuerpo de Cristo empezaron a ver rápidamente una intervención divina en situaciones en las que tenían fe.

En Apocalipsis 4:1 se invita a Juan a ir al cielo y ver lo que está por venir: «Después de esto miré, y he aquí una puerta abierta en el cielo; y la primera voz que oí, como de trompeta, hablando conmigo, dijo: Sube acá, y yo te mostraré las cosas que sucederán después de estas».

Tú has recibido la misma invitación. Busca la perspectiva celestial.

DECRETOS

DECRETO QUE:

1. Mi mira está puesta en las cosas de arriba, no en las de la tierra.

2. He sido bendita con toda bendición espiritual en los lugares celestiales en Cristo.

3. Bendigo constantemente a Dios por la herencia que tengo a través de Jesucristo: incorruptible, incontaminada e inmarcesible, reservada en el cielo para mí.

4. Colaboro con Dios para que su reino venga a esta tierra y para que su voluntad se haga tanto en la tierra como en los cielos.

5. Me concentro en hacerme tesoros en el cielo, donde está mi corazón.

6. He recibido las llaves del reino de los cielos, y todo lo que ate en la tierra será atado en los cielos, y todo lo que desate en la tierra será desatado en los cielos.

7. Dios me ha sentado con Jesús en lugares celestiales.

8. Me uno en alabanza a todos los seres celestiales, declarando: «Señor, digno eres de recibir la gloria y la honra y el poder; porque tú creaste todas las cosas, y por tu voluntad existen y fueron creadas».

9. Rodeada de una gran nube de testigos, me despojo de todo peso y del pecado que me asedia y corro con paciencia la carrera que tengo por delante, puestos los ojos en Jesús.

10. Mi ciudadanía está en los cielos y me comporto de forma digna del evangelio.

Decretos basados en los siguientes pasajes de las Escrituras:
Colosenses 3:2; Hebreos 12:2; Efesios 1:3; 1 Pedro 1:3-4; Mateo 6:10,
20-21; 16:19; Efesios 2:6; Apocalipsis 4:11; Hebreos 12:1; Filipenses 3:20.

ACTIVACIÓN

¿Qué situación de tu vida es complicada ahora mismo? Pídele al Señor que te revele la perspectiva celestial. Medita en esa perspectiva hasta que tengas la convicción interna de estar completamente de acuerdo con ella. Aplica esa perspectiva a tu situación y mira cómo cambia tu realidad.

_____

_____

_____

_____

_____

_____

_____

_____

_____

_____

_____

_____

BENDITA CON MISERICORDIA

Bienaventurados los misericordiosos,
porque ellos alcanzarán misericordia.

MATEO 5:7

Ay, qué preciosa es la tierna misericordia de Dios, ¡y es nueva cada mañana para cada creyente! Igual que el sol sale cada día, nosotros también podemos estar seguros de que sus maravillosas misericordias infunden un vigor renovado a nuestras vidas.

La misericordia es una de las bendiciones de la salvación por las que me sentiré eternamente agradecida. Hace años alguien me dijo que la definición de la misericordia es «no recibir lo que mereces». Todos merecemos pagar consecuencias devastadoras por nuestro pecado y, básicamente, nos corresponde el castigo eterno, pero la misericordia de Dios lo cubre todo. ¡La misericordia ha triunfado sobre el juicio! ¡Qué descanso!

La Palabra nos enseña que, igual que nosotros hemos recibido misericordia, debemos compartirla libremente con los demás. A menudo las personas aceptan la misericordia con los brazos abiertos para sus propias vidas pero, aun así, extienden muy poca gracia a los demás. Siempre he sentido la santa obligación de mostrar misericordia a los demás, ya que yo misma necesito mucha para mí. Es un área de mi vida en la que, desde luego, ¡no quiero escatimar!

La misericordia de Dios es tan grande que, cuando nos centramos en ella y la decretamos, vemos la gloria de nuestro Señor.

Mira lo que pasó el día en el que Salomón estaba dedicando el templo: «Cuando sonaban, pues, las trompetas, y cantaban todos a una, para alabar y dar gracias a Jehová, y a medida que alzaban la voz con trompetas y címbalos y otros instrumentos de música, y alababan a Jehová, diciendo: "Porque él es bueno, porque su misericordia es para siempre; entonces la casa se llenó de una nube, la casa de Jehová"» (2 Crónicas 5:13).

La gloria de Dios también se manifiesta en la misma proclamación de su bondad por su misericordia. Un día estaba meditando sobre esto y sentí que el Espíritu Santo me decía que meditara en las preciosas misericordias de Dios en mi vida y decretara la mismísima proclamación que hicieron los sacerdotes en los tiempos de Salomón: «Alabad a Jehová, porque él es bueno, porque para siempre es su misericordia».

Decreté este versículo una y otra vez, y con cada proclamación su misericordia se me hacía más dulce. Finalmente, sentí la presencia manifiesta del Señor llenándome y rodeándome.

Su misericordia es muy importante para él. Es una misericordia desmedida y, cuando la reconocemos, él se regocija. La naturaleza de Dios está llena de misericordia, y como somos hechos a su imagen y semejanza, también somos hechos para ser misericordiosos.

En la vida tendrás muchas oportunidades para demostrar una misericordia desmedida. Puede que pienses que hay personas que no la merecen por lo mal que te han tratado. Y que deben pagar por todo lo que te han hecho. Recuerda que la misericordia es «no recibir lo que mereces». De la misma manera que tú has recibido la misericordia desmedida de Dios, derrámala tú también sobre otros y entra en la gloria. Cuando te vistes con misericordia, te embelleces.

DECRETOS

DECRETO QUE:

1. El Señor es bueno y su misericordia es para siempre.
2. Sus misericordias son nuevas cada mañana.
3. El Señor es clemente y misericordioso. Es lento para la ira y grande en misericordia.
4. Soy bienaventurada porque soy misericordiosa, y alcanzaré misericordia.
5. El Señor será propicio a mis injusticias. Nunca más se acordará de mis pecados e iniquidades.
6. Seré misericordiosa, igual que lo es mi Padre.
7. La misericordia del Señor es de generación en generación para los que le temen.
8. Soy salva, no por obras de justicia que hubiera hecho, sino por la misericordia de Dios.
9. Me puedo acercar confiadamente al trono de la gracia para alcanzar misericordia y hallar gracia para el oportuno socorro.
10. La sabiduría que viene de lo alto es pura, pacífica, amable, benigna, llena de misericordia y de buenos frutos, sin incertidumbre ni hipocresía.

Decretos basados en los siguientes pasajes de las Escrituras:
2 Crónicas 5:13; Lamentaciones 3:22-23; Salmo 145:8; Mateo 5:7;
Hebreos 8:12; Lucas 6:36; 1:50; Tito 3:5; Hebreos 4:16;
Santiago 3:17.

ACTIVACIÓN

Recuerda algunas ocasiones de tu vida en las que fueras descuidada o en las que pecaras. ¿Cómo hubiera sido tu vida si jamás hubieras recibido misericordia? Alaba al Señor por su misericordia. Medita en su misericordia. Decreta que él es bueno, porque para siempre es su misericordia, y después busca a alguien que necesite misericordia y derrámala sobre esa persona.

_____

_____

_____

_____

_____

_____

_____

_____

_____

_____

_____

BENDITA CON DESEOS CUMPLIDOS

[Que Jehová] te dé conforme al deseo de tu corazón,
y cumpla todo tu consejo.

SALMO 20:4

Cumplir tus deseos es una parte importante de la vida. En Proverbios 13:12 se nos dice que, cuando el sueño de la esperanza parece retrasarse más, esta demora puede ser deprimente, pero que cuando por fin se hace realidad el sueño, la dulzura de la vida satisfará nuestra alma.

Una mujer a la que llamaremos Sara tenía el profundo deseo de casarse desde que era pequeña. Su primera relación seria empezó en su último año de instituto. Estaba enamorada, y ella y su novio hablaban sobre casarse en cuanto terminaran sus dos años de formación profesional. Tras graduarse del instituto, fueron a estudiar a distintos lugares y solo se veían un par de fines de semana al mes, aunque hablaban a diario por teléfono. Sara siguió fiel y esperaba con ansia el día de comprometerse de forma oficial y, finalmente, casarse.

Casi habían terminado el primer año de estudios cuando su novio la informó de que se había enamorado de otra persona y rompió con ella. Quedó devastada y hundida. Esa fue la primera vez que le rompieron el corazón, pero después sufrió dos relaciones más que también acabaron mal. Para cuando cumplió los treinta años, tenía a sus espaldas tres relaciones fracasadas, cada una de las cuales la había dejado desconsolada. El miedo entró en ella con mentiras que la torturaban: nunca iba a casarse y jamás iba a ver cómo se cumplía su sueño; este parecía retrasarse cada vez más y Sara se iba deprimiendo.

Luchaba con sus emociones, con su dolor y con el miedo constante que la atormentaba, hasta que un buen día conoció al amor de su vida. Fue completamente inesperado, ya que simplemente fue a buscar un café y ahí estaba él. Conectaron, se enamoraron rápidamente y, en cuestión de un año, se casaron. Ahora tienen tres hijos preciosos.

Sara está contentísima con su vida. Cuando reflexiona sobre sus relaciones anteriores, se da cuenta de que todas esas rupturas fueron en realidad una bendición, ya que no hubiera sido feliz con ninguno de esos hombres. Dos de ellos se casaron con otras mujeres pero acabaron separándose, y el último salió del armario como homosexual. Durante un tiempo su esperanza se retrasó (nota: solo se retrasó, no se destruyó) pero, cuando su deseo se cumplió, la dulzura de la vida fue una satisfacción para su alma.

Quizá ahora mismo estás en un momento en el que tus sueños están en el aire. Eso no significa que tus deseos no vayan a materializarse, sino que están en proceso. Dios te será fiel. Mientras esperas a que tu sueño se cumpla, deléitate en el Señor. Él es digno de todo tu afecto y deseo. Derrama tu alabanza sobre Dios; él conoce tus deseos y ansía cumplirlos. Entrégale tus pensamientos de ansia y temor sobre el futuro. Confía en él. Estarás satisfecha y rebosante de gozo cuando veas que tu deseo se cumple.

Deléitate asimismo en Jehová,
y él te concederá las peticiones de tu corazón.

Salmo 37:4

DECRETOS

DECRETO QUE:

1. Me deleito en el Señor, sabiendo que en su debido momento él me concederá los deseos de mi corazón.
2. Soy humilde, así que el Señor oirá mi deseo. Él dará fuerza a mi corazón e inclinará su oído.
3. El Señor me ha concedido el deseo de mi corazón y no me ha negado la petición de mis labios.
4. El Señor abre sus manos y colma de bendición a todo ser viviente.
5. El Señor cumplirá el deseo de los que le temen.
6. Como he dado mi pan al hambriento y he saciado su alma afligida, el Señor saciará mi alma en sequías y dará vigor a mis huesos.
7. A los justos les será dado lo que desean.
8. Como vivo en unión de vida con el Señor y sus palabras viven poderosamente dentro de mí, puedo pedir lo que desee y se hará.
9. Tengo confianza en que Dios oye todo lo que le pido conforme a su voluntad y en que él me dará todas las peticiones que le haya hecho.
10. No estoy afanosa por nada, ya que mis peticiones son conocidas delante de Dios en toda oración y ruego, con acción de gracias.

Decretos basados en los siguientes pasajes de las Escrituras:
Salmo 37:4; 10:17; 145:16, 19; Isaías 58:11-12; Proverbios 10:24;
Juan 15:7; 1 Juan 5:14-15; Filipenses 4:6.

ACTIVACIÓN

¿Qué deseo tienes que todavía no se haya cumplido? Escríbelo, entrégaselo a Dios, deléitate en él y ten la confianza de que él hará que se cumpla.

_____

_____

_____

_____

_____

_____

_____

_____

_____

_____

_____

DÍA TREINTA

BENDITA CON EL ESPÍRITU SANTO

Pero recibiréis poder, cuando haya venido sobre vosotros
el Espíritu Santo, y me seréis testigos en Jerusalén,
en toda Judea, en Samaria, y hasta lo último de la tierra.

HECHOS 1:8

Los discípulos y seguidores de Jesús lo amaban y adoraban. Cuando estás cerca de alguien, siempre es difícil ver que esta persona se tiene que ir, pero en Juan 14, Jesús explicó a sus discípulos que iba a marcharse para poder abrir un camino y que todos recibiéramos vida eterna. Les dijo que no se preocuparan y que no tuvieran miedo, porque él iba a enviar a su Espíritu Santo para ayudarles.

Él prometió que, a través de su Espíritu, él iba a estar con ellos: «Y yo le pediré al Padre, y él les dará otro Salvador, el Espíritu Santo de la Verdad, que será para ustedes un amigo como yo, y nunca los dejará. El mundo no lo recibirá porque no pueden verlo ni conocerlo. Pero ustedes lo conocen íntimamente porque él permanece con ustedes y vivirá dentro de ustedes» (Juan 14:16-17).

Después de que Jesús ascendiera al cielo, sus discípulos necesitaban poder para llevar a cabo su cometido de extender el reino. No lo podían hacer con su poder humano, sino que necesitaban el de Dios. Jesús les prometió en Hechos 1:8 que, cuando llegara el Espíritu, recibirían el poder para ser testigos tanto localmente como en los lugares más remotos de la tierra.

Durante dos mil años, el evangelio ha ido avanzando a través de creyentes que han recibido ese poder. En el día de Pentecostés, hombres y mujeres se reunieron y oraron de forma ininterrumpida, en un mismo espíritu, durante diez días y diez noches. El Espíritu se derramó sobre hombres y mujeres. A lo largo del libro de Hechos vemos lo que las personas pueden hacer cuando reciben el poder del Espíritu Santo. Predicaron el evangelio e hicieron milagros, señales, maravillas, sanaciones, liberaciones y resurrecciones. ¡Pudieron hacer las mismas obras que hizo Jesús! Todo esto pasó gracias al don del Espíritu Santo.

Kathryn Kuhlman (1907-1976) fue una famosa evangelista sanadora que permitió que «ríos de agua viva» fluyeran a través de ella. Estaba completamente dedicada al Espíritu Santo y a su poder. Muchos acudían en masa a sus encuentros esperando poder presenciar un milagro. Y aquellos que asistieron dieron testimonio de que la presencia y el poder del Espíritu eran distintos a cualquier otra cosa que hubieran visto. Según ellos era algo «indescriptible», y las multitudes se apiñaban durante horas esperando fuera del recinto para poder entrar. En esta atmósfera del poder del Espíritu Santo sucedieron muchas sanaciones y liberaciones. Esta maravillosa sirvienta del Señor, a pesar de que ya dejó atrás su vida en esta tierra, ha seguido trayendo gloria al Señor a través de los testimonios de milagros poderosos que ministró en esta tierra. Ha pasado a los anales de la historia como alguien que demostró el poder del Espíritu Santo con integridad.

Las mujeres de estos tiempos que tienen el poder del Espíritu Santo también lo están aprovechando para glorificar a Dios del mismo modo que los creyentes del libro de Hechos y mujeres en la historia de la iglesia como Kathryn Kuhlman. Estás invitada a ser una de esas mujeres. Jesús te ha dado el don del Espíritu Santo. Recíbelo por completo. Está deseando usarte.

DECRETOS

DECRETO QUE:

1. El Padre me ha dado un Ayudador, el Espíritu Santo, que permanece conmigo y vive en mí en todo momento.

2. Estoy llena del Espíritu Santo: el Espíritu de sabiduría y de inteligencia, el Espíritu de consejo y de poder, el Espíritu de conocimiento y de temor del Señor.

3. Estas señales me siguen: en el nombre de Jesús echo fuera demonios; hablo nuevas lenguas; pongo mis manos sobre los enfermos y estos se sanan.

4. El Espíritu Santo me enseña todas las cosas y me guía en toda verdad.

5. He recibido el poder del Espíritu Santo y eso me permite ser testigo de Jesús allá donde vaya, incluso hasta lo último de la tierra.

6. Puedo hacer las mismas obras que hizo Jesús, e incluso mayores, porque él me ha dado el poder de su Espíritu Santo.

7. El Señor me ha dado potestad para pisar sobre toda fuerza del enemigo.

8. Cuando avanzo y comparto el evangelio no hablo con palabras persuasivas de humana sabiduría, sino con el poder del Espíritu Santo, que hace milagros y prodigios para confirmar la Palabra.

9. Recibo y pongo en práctica los dones sobrenaturales del Espíritu Santo: palabra de sabiduría, palabra de ciencia, fe, dones de sanidades, milagros, profecía, discernimiento de espíritus, diversos géneros de lenguas e interpretación de lenguas.

10. Como Jesús, el Espíritu del Señor me ha ungido para dar buenas nuevas a los pobres, pregonar libertad a los cautivos y vista a los ciegos, y para poner en libertad a los oprimidos.

Decretos basados en los siguientes pasajes de las Escrituras:
Juan 14:16-17; Isaías 11:2; Marcos 16:17-18; Juan 14:26;
Lucas 16:13; Hechos 1:8; Juan 14:12; Lucas 10:19; 1 Corintios 2:4;
Hebreos 2:4; 1 Corintios 12:8-10; Lucas 4:18.

ACTIVACIÓN

Invita al Espíritu Santo para llenarte de nuevo. ¿Cómo puedes dedicar tu tiempo a reconocerlo y reverenciarlo?

_____

_____

_____

_____

_____

_____

_____

_____

_____

_____

_____

_____

_____

BENDITA CON VIDA ETERNA

Para que los que verdaderamente creen en él no perezcan,
sino que reciban la vida eterna.

JUAN 3:15

La eternidad es un concepto profundo y complejo para la comprensión humana. Nos es fácil identificarnos con el reino temporal (el reino del tiempo), y aun así las Escrituras nos enseñan que nuestra vida en este reino es como un vapor: antes de que nos demos cuenta ya ha pasado. En el reino del tiempo, las cosas se pudren y pierden fuerzas, pero el reino eterno es diferente.

Nuestra vida en el reino natural del tiempo solo durará quizá ochenta o cien años, pero nuestra vida en la eternidad no termina nunca. Las decisiones que tomamos en el reino del tiempo determinan nuestra posición eterna. Por ejemplo, sabemos que Jesucristo es el Salvador del mundo. Dios desea que no se pierda ni una persona, sino que todos tengamos vida eterna con él, pero solo hay un camino: a través de Jesús. Jesús afirmó con valentía en Juan 14:6 que él era el camino, la verdad y la vida, y que nadie podía llegar al Padre si no era a través de él. Una afirmación atrevida pero cierta. Si uno no elige el don gratuito de la vida eterna en Cristo, entonces por defecto ha elegido la muerte eterna. De una forma u otra, experimentará la eternidad.

A partir de la Palabra entendemos que hay recompensas eternas que los creyentes reciben cuando tienen fe en esta tierra. Hebreos 11:6 dice: «Pero sin fe es imposible agradar a Dios; porque es necesario que el que se acerca a Dios crea que le hay, y que es galardonador de los que le buscan».

La Palabra, además, instruye que las decisiones que tomamos en el reino del tiempo tendrán repercusiones en la dimensión eterna. Mateo 12:36-37 es también una prueba de que no solo se juzgarán las acciones pecaminosas, sino también las palabras ociosas: «Mas yo os digo que de toda palabra ociosa que hablen los hombres, de ella darán cuenta en el día del juicio. Porque por tus palabras serás justificado, y por tus palabras serás condenado».

Vamos a volver a mirar a María de Betania como un gran ejemplo de una mujer que se centró en la perspectiva eterna. En Lucas 10, la hermana de María, Marta, había invitado a Jesús a su hogar. Marta estaba ocupada preparándolo todo para la cena mientras María se sentaba a los pies de Jesús, escuchando sus palabras sin distraerse. Marta se enfadó con María y quería que Jesús la regañara, pero Jesús señaló que María había elegido bien y que eso no le sería quitado. Más adelante, en Juan 12, vemos a María derramando un aceite muy caro sobre Jesús cuando lo está preparando para su entierro, incluso aunque los demás no lo comprendieran.

María tenía una visión de la eternidad y vivió su vida con perspectiva eterna. Me encantan las palabras de una canción que solía cantar cuando conocí a Jesús:

> *Fija tus ojos en Cristo,*
> *tan lleno de gracia y amor,*
> *y lo terrenal sin valor será*
> *a la luz del glorioso Señor.*[9]

Vamos a vivir con la mirada puesta en él, dador de vida eterna.

Si, pues, habéis resucitado con Cristo, buscad las cosas de arriba,
donde está Cristo sentado a la diestra de Dios. Poned la mira en
las cosas de arriba, no en las de la tierra. Porque habéis muerto,
y vuestra vida está escondida con Cristo en Dios.

COLOSENSES 3:1–3

DECRETOS

DECRETO QUE:

1. Creo en Jesús, el regalo de amor de Dios, así que no pereceré sino que recibiré vida eterna.
2. He bebido del agua viva que Jesús me ha ofrecido, y esta se ha convertido en una fuente que mana e inunda de vida eterna.
3. Jesús me ha dado la vida eterna y nadie tiene el poder de arrebatármela. Soy un regalo de Dios para Jesús y nadie tiene el poder de arrebatarme de sus manos.
4. Jesús ha preparado un lugar para que yo descanse, y donde él está yo también estaré.
5. Tengo vida eterna porque conozco al único Dios verdadero y a Jesucristo, a quien él ha enviado.
6. Peleo la buena batalla de la fe y echo mano de la vida eterna, a la que he sido llamada.
7. El Dios de toda gracia, que me ha llamado a su gloria eterna en Cristo, me perfeccionará, afirmará, fortalecerá y establecerá.
8. Moraré con Dios para la eternidad. Dios enjuagará toda lágrima; y ya no habrá muerte, ni llanto, ni clamor, ni dolor.
9. Serviré al Señor por toda la eternidad y veré su rostro para siempre.
10. Ciertamente el bien y la misericordia me seguirán todos los días de mi vida y en la casa del Señor moraré por largos días.

Decretos basados en los siguientes pasajes de las Escrituras:
Juan 3:16; 4:14; 10:28-30; 14:2-3; 17:3; 1 Timoteo 6:12; 1 Pedro 5:10;
Apocalipsis 21:3-4; 22:3-4; Salmo 23:6.

ACTIVACIÓN

Haz un repaso de tu vida. ¿Estás centrada en la eternidad o distraída por los asuntos de esta vida? ¿Eres una Marta o una María? ¿Con cuál de las dos te gustaría identificarte? Actúa y decide de modo que tengas recompensas eternas.

_____

_____

_____

_____

_____

_____

_____

_____

_____

_____

_____

_____

Notas

[1] Dr. Brian Simmons, *The Passion Translation*, Proverbios 31, nota al pie «a»: «La leyenda judía afirma que "rey Lemuel" era un pseudónimo para Salomón, lo que implica que la madre es Betsabé».

[2] *Strong's Concordance*, «G1411 – *dynamis*», BlueLetterBible.org, accedido el 13 de agosto de 2018, https://www.blueletterbible.org/lang/lexicon/lexicon.cfm?t=kjv&strongs=g1411.

[3] *YourDictionary*, *s.v.* «*favor*» («favor», en inglés), consultado el 13 de agosto de 2018, http://www.yourdictionary.com/favor?direct_search_result=yes y *Merriam-Webster Online Dictionary*, *s.v.* «*favor*», («favor», en inglés) consultado el 13 de agosto de 2018, https://www.merriam-webster.com/dictionary/favor.

[4] Simmons, *The Passion Translation*, nota al pie «a» para Juan 4:30.

[5] Simmons, *The Passion Translation*, nota al pie «c» para Hechos 16:14.

[6] Simmons, *The Passion Translation*, nota al pie «b» para Hechos 16:14.

[7] *Dictionary.com*, *s.v.* «*bless*» («bendecir», en inglés), consultado el 31 de agosto de 2018, https://www.dictionary.com/browse/bless?s=t y *Merriam-Webster*, *s.v.* «*bless*» («bendecir», en inglés), consultado el 31 de agosto de 2018, https://www.merriam-webster.com/dictionary/bless.

[8] Dr. Brian Simmons, *The Passion Translation*, Proverbios 31, nota al pie «a».

[9] Helen Howarth Lemmel, "Turn Your Eyes Upon Jesus," 1918.

ACERCA DE LA AUTORA

Patricia King ha sido una voz pionera del ministerio cristiano durante más de treinta años. Es una respetada pastora apostólica del evangelio, dueña de negocios de éxito y empresaria de mucha inventiva. Es una oradora itinerante, autora, presentadora de televisión, productora de medios de comunicación y supervisora de redes de ministerio de renombre, y ha entregado su vida completamente a Jesucristo y a la extensión de su reino en esta tierra. Es la fundadora y líder de Patricia King Ministries y cofundadora de XPmedia.com. Puedes ponerte en contacto con Patricia a través de sus canales en Facebook y Twitter.